Le Lieutenant A. FROMENT

QU'EST-CE QU'UN

Officier?

Les qualités de l'Officier
Comment on devient officier. — Les Écoles militaires
Infanterie. — Cavalerie
Artillerie. — Les armes spéciales

PARIS
A LA LIBRAIRIE ILLUSTRÉE
7, RUE DU CROISSANT, 7

Tous droits réservés

QU'EST-CE

QU'UN OFFICIER?

ASNIÈRES. — IMPRIMERIE LOUIS BOYER ET Cie.

Le Lieutenant A. FROMENT

QU'EST-CE QU'UN OFFICIER ?

*Les qualités de l'Officier
Comment on devient officier. — Les Écoles militaires
Infanterie. — Cavalerie
Artillerie. — Les armes spéciales*

PARIS

A LA LIBRAIRIE ILLUSTRÉE

7, RUE DU CROISSANT, 7

Tous droits réservés

QU'EST-CE QU'UN OFFICIER?

I

Rêves d'enfant. — Le régiment des généraux. — L'instruction des officiers. — Autrefois. — Le décret de la Convention : Tout officier doit savoir lire et écrire ! — Aujourd'hui. — Progrès réalisés. — Pourquoi ? — Commençons de bonne heure ! — Nos voisins.

Qui de nous, étant enfant, n'a joué au soldat et n'a revêtu fièrement un uniforme galonné, très galonné, à l'occasion d'un mardi-gras ou d'une mi-carême quelconque? Qui de nous n'a commandé à des soldats de plomb, n'a construit des forts de dominos, des redoutes de cartes à jouer, n'a mitraillé des bataillons ennemis à l'aide de boulettes de mie de pain. Au bruit enlevant d'une fanfare ou d'une musique militaire ; au rythme sourd du pas d'un régiment en marche s'unissant au chant du tambour, qui de nous ne s'est senti, alors que les notions de patrie et de devoir s'éveillent dans les cœurs, alors que l'adolescence touche à sa fin, qui de nous ne s'est senti entraîné, n'a éprouvé une émotion joyeuse et fière et n'a envié le brillant colonel chevauchant en tête de ses bataillons. En effet, c'est le colonel bien plutôt que le sous-lieutenant que l'on envie. Il a beau se redresser le petit sous-lieutenant, tenir la tête haute et le sabre droit ; il a beau avoir la moustache blonde et le regard vif, le jarret ferme, l'air souriant de la jeunesse, l'enfant, ambitieux par instinct jusqu'à ce qu'il regrette le temps qui s'est enfui, l'enfant va droit à la moustache grise, à la poitrine chamarrée, aux manches couvertes de cinq galons.

« Quand je serai grand, disait un petit garçon, je serai militaire ; je m'engagerai dans le régiment des généraux. »

L'idée était bonne ; mais le moyen de la réaliser restait à trouver, ou plutôt, tous les régiments peuvent être pour l'un ou pour l'autre, le régiment des généraux ; il s'agit de savoir soi-même conquérir les étoiles. Ce n'est pas difficile ; c'est une question de travail et de chance. Avouons que celle-ci manque souvent de parole à celui-là ; mais le premier dépend de nous, tandis que la seconde... Parlons du premier.

Pour être avocat, médecin, commerçant, industriel, il faut des études spéciales : connaissances générales, connaissances techniques, acquises les unes à l'école, au lycée, à la Faculté de Droit ou de Médecine, les autres par l'expérience journalière, les rapports constants avec la clientèle, les recherches de chacun et de chaque jour.

Pour être officier, il en va de même ; il y a deux sortes de connaissances à réunir : les connaissances générales, base de tout développement de l'intelligence, acquises avant l'entrée dans l'armée ; les connaissances techniques que donne celle-ci, soit dans ses établissements particuliers d'instruction, soit par les enseignements pratiques de la vie militaire. Actuellement, les connaissances exigées sont assez étendues; tout en se rapprochant de la pratique, elles tendent à s'accroître de jour en jour et si nous jetons un coup d'œil sur le siècle passé, à l'aurore de cette Révolution dont le centenaire est proche, qui bouleversa tout et particulièrement le corps d'officiers, nous serons stupéfaits du chemin parcouru.

« Que les temps sont changés!... »
pourrait dire une fois de plus le brave Abner, vieux capitaine de l'ancien régime.

Double changement, changement immense qui, chaque jour, croît en progression géométrique; autrefois, sous l'ancien régime, tous les gentilshommes étaient officiers et, en principe, avaient seuls droit de l'être. Les nobles, eux-mêmes, se trouvaient divisés en deux grandes catégories : d'une part, la haute noblesse reçue à la Cour, montant dans les carrosses du roi, riche, protégée, privilégiée, ayant toutes les faveurs et tous les grades, achetant les charges de capitaine et de colonel, se plaignant, et démissionnant, comme le duc de Saint Simon, parce qu'à vingt-sept ans il n'était que colonel, bien qu'il eût acquis cette charge dès l'âge de dix-huit ans au prix de 26.000 livres.

D'un autre côté, la petite noblesse de province, arrivant à grand'peine, au bout de sa carrière, au grade de capitaine et à la croix de chevalier de Saint-Louis.

Quant aux roturiers, il fallait des actions d'éclat, des services exceptionnels pour qu'ils obtinssent de passer lieutenants; d'ailleurs, l'obtention de ce grade les anoblissait et leurs enfants, reçus gratuitement dans les écoles militaires, pouvaient, quelquefois, arriver à se faire nommer capitaines ou majors — emplois qui leur étaient réservés.

De l'instruction, nous n'en parlerons pas. On s'était cependant montré plus exigeant à partir du dix-septième siècle ; les Académies, l'École militaire de Paris fonctionnaient, l'artillerie et le génie, longtemps considérés comme des corps inférieurs, acquéraient de l'importance tant par les services qu'ils rendaient, dont l'utilité croissait chaque jour, que par les grands hommes qu'ils comptaient : Vauban, Gribauval, etc...

Quand survint la Révolution, le bouleversement fut formidable dans l'armée; à part l'artillerie et le génie, composés en majeure partie d'officiers de basse extraction qui restèrent et sauvèrent la France des attaques des monarchies coalisées, toutes les autres armes se virent dépourvues d'officiers. Carnot, « l'organisateur de la victoire », capitaine du génie à cette époque, fit décréter la nomination des sergents aux grades de lieutenant et de capitaine; l'élection des officiers par les soldats qu'ils commanderont « fit sortir, dit Jomini, de toutes les classes de la société des hommes de génie... tels militaires qu'on n'aurait pas soupçonnés capables de commander un régiment, apprennent l'art de diriger des armées ».

On cite quarante-six de ces élus, sortis des

rangs, devenus plus tard officiers généraux; parmi eux, les noms glorieux des Brune, des Championnet, des Lannes, des Gouvion Saint-Cyr.

Malheureusement, si les intelligences remarquables, les grands caractères, s'imposèrent au suffrage de leurs camarades, ce système d'élection eut aussi ses inconvéniants.

« Avait-on besoin d'un caporal, dit Gouvion Saint-Cyr, on nommait le plus ancien soldat; c'était, le plus souvent, un blanchisseur de la compagnie ou du bataillon; le lendemain, il fallait un sergent et ce même blanchisseur, qui était le plus ancien de service, montait à ce grade. Jusque là, il n'y avait pas grand mal; mais il est arrivé quelquefois qu'au bout de huit à dix jours ce sergent est devenu le chef d'un bataillon d'infanterie ou d'une brigade de cavalerie. »

Évidemment, ceux que nous avons cités plus haut, d'autres, comme Hoche, Jourdan, Marceau, qui parvinrent rapidement au généralat, possédaient ou acquéraient promptement les connaissances qui leur étaient nécessaires pour tenir dignement le poste qu'ils occupaient; mais que d'autres qui se contentaient de promener leur titre et leur sabre !

L'ignorance était si grande que la Convention Nationale dut rendre un décret par lequel elle prescrivait que : « Tout homme pourvu d'un grade, depuis le caporal jusqu'au général, doit savoir lire et écrire. »

Merlin de Thionville disait, après avoir exposé les désastres causés par l'ignorance des officiers : « Quelque expérience, quelque habitude qu'on ait, si on ne peut étudier, on ne sera jamais capable de commander des évolutions difficiles, qu'en forçant des hommes, d'ailleurs faits pour la guerre, *à apprendre à lire et a écrire*. »

On le voit, à cette époque, le programme n'était pas élevé et, à l'heure actuelle, où les rares illettrés qui arrivent au régiment ne doivent être libérés que sachant lire, écrire et compter, la chose peut sembler bizarre.

« Quelle nécessité, disent certaines gens, quelle nécessité y a-t-il donc à apprendre tant de choses avant d'entrer au régiment ? A quoi bon ces mathématiques, cette géographie, cet art militaire, cette administration dont on farcit aujourd'hui le cerveau des jeunes gens? Bonaparte sortait de Brienne, c'est vrai; mais c'était un piètre élève, il n'y avait rien fait de bon ; ça ne l'a pas empêché d'être le plus grand des conquérants et le premier des généraux. »

Je vois d'ici la joie des aspirants à Saint-Cyr et à Polytechnique en entendant soutenir une pareille thèse; il serait si doux de laisser la théorie de côté pour la pratique. La pratique, on en prend et on en laisse; pourvu qu'on soit *débrouillard*, c'est l'essentiel, on s'en tire toujours ! D'ailleurs, c'est encore un principe de Napoléon Ier que la pratique passe avant tout :

« Lorsqu'un élève pointera mieux que les soldats, écrit-il à propos des élèves de l'École d'artillerie, on ne lui contestera ni son droit à l'avancement, ni les autres avantages de son éducation. »

1.

Mais aujourd'hui, il n'en saurait être de même ; au temps où Napoléon écrivait ceci, la guerre était une question de coup d'œil et de valeur personnelle ; on ne pourrait, en 1892, recommencer un Jemmapes. La guerre est devenue une science complexe: tous ses éléments ont été remaniés. Son succès dépend de mille causes diverses ; si le maréchal de Saxe le faisait résider dans les jambes des soldats, il faut reconnaître que la création et le perfectionnement des voies ferrées ont dû modifier ce coefficient.

Tout s'est transformé qui existait autrefois ; combien de choses nouvelles se sont créées depuis ; combien, naissant chaque jour, se développent, trouvent une application imprévue ! Télégraphe et téléphone ; substances explosibles, projectiles et armes de toute espèce, aérostation, tout vient apporter son aide aux anciennes combinaisons, les modifier, les bouleverser ; obliger à démolir pour reconstruire après ce que jadis on croyait édifié à tout jamais.

Tout se tient, tout s'enchaîne ; à des projectiles plus redoutables il faut des défenses plus fortes; à des substances explosibles plus puissantes, des canons plus résistants. La lutte est continuelle, perpétuelle, sans cesse renaissante.

A l'artilleur qui le menace d'un obus nouveau, le sapeur (c'est le nom donné au soldat du génie) oppose un blindage plus solide, un système nouveau de fortifications; le fantassin modifie la formation de ses colonnes. Que demain la direction des ballons soit trouvée; plus de sûreté pour l'ennemi! Que peut-on contre un espion semblable qui vous inonde de lumière électrique, voit ce qu'il a besoin de connaître, monte et disparaît? On chasse un oiseau et on l'atteint dans un tourbillon de grains de plomb: le ballon s'élève et se met hors de portée.

On le voit, il est absolument nécessaire de connaître aujourd'hui ce que l'on était en droit d'ignorer il y a un siècle, il y a même trente ans.

D'ailleurs, quand il s'agit de guerre et d'armée, il est bon de voir ce qui se passe chez le voisin, ce que l'on fait autour de soi. Partout on travaille ; il n'est pas jusqu'à l'Espagne, où l'instruction générale est si arriérée qu'en 1885 on comptait dans son armée 90 pour cent d'illettrés, qui ne tende à se relever et n'ait, depuis 1882, réorganisé ses écoles militaires.

Il s'agit donc de faire, non pas *comme les autres*, mais mieux que les autres et, pour cela, il faut travailler dès le début.

Dans nos vieilles armées féodales, les fils de grande maison faisaient un long apprentissage du métier des armes ; page, écuyer, chevalier-bachelier, ils s'instruisaient dans l'art de la guerre qui ne comprenait alors que le maniement des diverses armes et l'équitation. Leur éducation commençait dès l'âge de sept ans et ce n'était qu'à vingt ou vingt-cinq qu'ils étaient armés chevaliers.

Aujourd'hui, l'éducation militaire, proprement dite, commence plus tard ; ce n'est qu'à partir de dix-huit ans, qu'il entre dans une École ou il s'engage, que le jeune homme se prépare à cette carrière où il vivra et dont il vivra : c'est trop tard. Dès l'enfance, celui qui se destine à devenir officier doit former son esprit et son âme, diriger ses études, façonner son intelligence d'une façon spéciale.

Ce qui, pour un autre, a peu d'importance, en a beaucoup pour lui : c'est une vie particulière, une existence à part qu'il va mener.

Je ne dirai pas qu'il entre dans une caste fermée ; non, à l'heure actuelle chacun pouvant devenir officier, chacun passant à son tour — plus ou moins longtemps — dans les rangs de l'armée, il n'y a plus là, comme autrefois, une catégorie d'individus étrangers à leurs concitoyens, comme ceux-ci l'étaient à eux-mêmes ; l'armée est une branche de la nation, une école de devoir, de discipline et de patriotisme dont les leçons profitent à chacun dans la carrière qu'il poursuit après les avoir reçues et que chacun va propager ou entretenir à son tour dans le reste du pays. L'Allemagne a dû ses succès à cette pensée constante, suggérée aux enfants dès leur naissance, qu'ils seraient tous soldats et qu'il fallait travailler dans ce but.

A notre tour, maintenant, de nous souvenir et de travailler afin de pouvoir redire un jour :

« Nous l'avons eu, votre Rhin allemand,
    Il a tenu dans notre verre ;
    Un couplet qu'on s'en va chantant
    Efface-t-il la trace altière
Des pieds de nos chevaux baignés dans votre sang ?

Nous l'avons eu, votre Rhin allemand,
    Son sein porte une plaie ouverte
    Du jour où Condé triomphant
    A déchiré sa robe verte.
Où le père a passé, passera bien l'enfant !

II

L'esprit militaire. — Une pépinière d'officiers : les enfants de militaires. — Orphelinats de Liancourt, de Pawlet. — Les pupilles de la Garde. — L'orphelinat Hériot. — Les enfants de troupe. — Écoles préparatoires de sous-officiers. — Écoles préparatoires d'officiers : le Prytanée militaire de la Flèche. — Nécessité de perfectionner cette institution.

Plus encore peut-être que l'instruction, l'esprit militaire est nécessaire à celui qui se destine à la carrière des armes.

« La force réelle d'une armée ne croît pas en raison du nombre des soldats et des moyens matériels, a dit le maréchal Marmont, mais bien plus en raison de l'esprit qui l'anime. » Cet esprit, c'est l'esprit militaire « qui a pour élément l'esprit de corps ; c'est un ressort puissant qui ne saurait être trop tendu. » C'est lui surtout qu'il faut faire naître et développer dès l'enfance ; c'est lui qui donne à l'individu la tournure d'esprit, l'énergie, l'intelligence spéciales qui lui permettent de se consacrer uniquement à son but, d'accepter sans regrets et sans répulsion des ordres contre lesquels il serait tenté parfois de se révolter; c'est lui qui donne aux armées la cohésion qui en est l'âme, ce que les tacticiens appellent le *coude à coude*. « Sans l'esprit militaire, a dit M. Reinach, le patriotisme est platonique. » C'est ce but à atteindre qui a guidé les puissances voisines et les a amenées à créer pour leurs aspirants-officiers deux catégories d'écoles : des écoles spéciales, se rapprochant plus ou moins des nôtres, et des écoles préparatoires destinées à fournir à celles-ci la totalité ou la majeure partie de leurs élèves. En somme, c'est l'ancien système français, le système d'avant 1789, que l'Autriche, l'Espagne, l'Allemagne, l'Allemagne surtout, ont repris et complété.

La plupart des élèves reçus dans les écoles de cadets allemandes sont des fils d'officiers ; ces établissements, au nombre de six, leur donnent l'instruction élémentaire qu'un septième, dit : *École supérieure des cadets*, complète. Leur but principal, mais non exclusif, est de préparer des candidats aux écoles de guerre ; les enfants y sont menés militairement, y entrent à partir de l'âge de dix ans et se façonnent ainsi de bonne heure à la carrière des armes qu'ils embrassent presque tous vers leur vingtième année. En France, nous n'avons actuellement rien d'absolument semblable ; le Prytanée militaire de la Flèche, qui s'en rapproche le plus, en diffère encore sensiblement, comme nous le verrons tout à l'heure.

Il n'a cependant pas manqué de tentatives pour doter notre pays d'établissements de ce genre, pourtant on s'est toujours proposé d'assurer le recrutement des cadres de sous-officiers, plutôt que celui des cadres d'officiers.

Le mouvement philosophique et humanitaire

de la fin du dix-huitième siècle amena la monarchie à créer une école d'orphelins militaires appelée *École des enfants de l'armée;* mais la plus intéressante de ces institutions est, sans contredit, celle que fonda un gentilhomme irlandais, le chevalier de Pawlet, qui, recueillant les enfants des militaires de tout grade, se proposa de les faire entrer dans l'armée et de leur permettre, par leur instruction, d'arriver aux places d'officiers.

Louis XVI prit cet établissement sous sa protection plusieurs années après sa fondation et lui donna le nom d'*École des Orphelins militaires;* tous les élèves y restaient jusqu'à leur seizième année, formant deux divisions; la première comprenant les fils d'anciens officiers, chevaliers de Saint-Louis, nobles ou non nobles; la seconde, les fils de bas-officiers ou soldats encore au service ou retirés à l'hôtel des Invalides.

Ceux des élèves qui n'avaient pas la vocation militaire étaient libres de choisir un métier ou de poursuivre leurs études ; les autres contractaient un engagement militaire de huit années. La Révolution amena la suppression de la subvention royale grâce à laquelle l'orphelinat de Pawlet pouvait subsister ; celui-ci émigra et la Convention, reprenant son œuvre, mit à la tête un nouveau directeur: L'état de l'établissement six mois après était déplorable.

« Depuis quelques semaines, dit le rapport des commissaires que le ministre de la guerre y avait envoyés, depuis quelques semaines, les élèves avaient des cuillères ; avant ce temps, ils entouraient d'immenses chaudières pleines de soupe et d'autres aliments qu'ils mangeaient avec leurs mains et se désaltéraient à l'aide d'un seul vase de plomb à une citerne établie dans l'intérieur de ce réfectoire. Leur instruction était nulle et ils communiquaient avec les soldats. »

Napoléon vit, lui aussi, une pépinière d'officiers dans les enfants de militaires morts en activité ; il créa le Prytanée français à Saint-Cyr et le destina à recevoir deux cent cinquante orphelins se trouvant dans ces conditions; bientôt, le nombre des élèves fut porté à six cents et l'établissement complétement militarisé. En même temps, il organisait militairement les colléges et lycées, y faisant une grande part aux exercices et aux manœuvres de façon à pouvoir, en cas de besoin, y recruter des sous-officiers et même des officiers.

A cette époque, le désir et l'amour de la guerre étaient partout ; dans les lycées on se battait, au récit des combats les esprits s'exaltaient, les classes se provoquaient et ces jeux d'enfants se terminaient par des blessures graves, quelquefois même par la mort d'un des belligérants.

« Pendant les guerres de l'Empire, a dit Musset, tandis que les maris et les frères étaient en Allemagne, les mères avaient mis au monde une génération ardente, pâle et nerveuse. Conçus entre deux batailles, élevés au collège, au roulement des tambours, des milliers d'enfants se regardaient entre eux d'un œil sombre, en essayant leurs muscles chétifs... Ils savaient bien qu'ils étaient destinés aux hécatombes; mais ils croyaient Murat invulnérable, et on avait vu passer l'empereur sur un pont où sifflaient tant de balles, qu'on ne savait s'il pouvait mourir. »

Il n'était pas rare, avec les hécatombes de cette époque où périrent plus d'un million de Français, il n'était pas rare de voir des jeunes gens passer subitement des bancs du lycée dans les rangs de l'armée. En 1809, pour l'armée d'Espagne, quatre cents élèves de la Flèche et des lycées furent pourvus d'emplois de fourriers; on juge de l'état de fièvre dans lequel vivaient ces écoliers et du peu d'attention qu'ils apportaient à tout ce qui ne touchait pas de près aux choses de la guerre. En réalité, Prytanée et lycées n'étaient donc que des écoles préparatoires dont les élèves, les trois-quarts du temps, partaient comme sous-officiers, et étaient promus officiers sans passer par aucune école spéciale.

« La consommation d'officiers était si grande, dit le général Foy, que tout soldat sachant lire et écrire, exerçant sur ses camarades une influence quelconque d'opinion et qui ne sourcillait pas à l'approche du danger, était sûr d'arriver, si la mort lui en laissait le temps. »

A côté de ces pépinières d'officiers, les pupilles de la garde étaient également destinés à former, dès le jeune âge, des aspirants-officiers, mais, surtout, de bons sous-officiers:

Leur nombre, d'abord peu considérable, finit par atteindre le chiffre de huit mille ; les plus âgés avaient quinze ans. Organisés en neuf bataillons, ils marchaient à la suite des régiments de la garde dont le troisième avait été nommé leur tuteur et rendirent de grands services. Aveuglément dévoués à l'empereur, ils périrent tous dans les divers combats de la fin du règne ; les derniers se firent écraser à Waterloo.

Le grand nombre de vieux soldats ou sous-officiers restant dans l'armée jusqu'à ce qu'ils obtinssent leur retraite, s'y mariant et ayant une famille parfois nombreuse, à élever avec leur solde, fit un devoir à l'État de les assister dans cette tâche et de subvenir aux frais d'éducation et d'instruction de ceux-ci : ce fut ce qui motiva la création des *enfants de troupe*.

Ces enfants, fils de militaires : soldats, sous-officiers et même officiers subalternes, vivaient au régiment où ils étaient placés sous la direction d'un vieux sous-officier. L'école régimentaire du corps leur donnait l'instruction primaire ; ils étaient nourris par la cantine, recevaient des prestations en nature et une solde déterminée. On voit les inconvénients que présentait cette organisation et quelle éducation déplorable recevaient ces enfants, perpétuellement en contact avec les soldats.

Il nous souvient avoir connu en Algérie, au troisième Zouaves, un vieux sergent chevronné qui, chargé de la surveillance des enfants de troupe, leur apprenait à boire l'absinthe et à fumer dans sa pipe ; deux choses que ces gamins ne demandaient pas mieux que de pratiquer le plus possible, bien entendu.

L'enfant de troupe, admis de deux à quinze ans, était, quand il montrait certaines dispositions spéciales, envoyé au collège de la localité comme interne. Il rentrait à la caserne avec ses camarades, y travaillait... à peu près, prenant part comme eux aux corvées et couchant à la salle de police avec les soldats à la moindre escapade.

Les dangers de cette vie frappèrent l'autorité militaire il y a une dizaine d'années et l'on commença à penser qu'il valait mieux les réunir dans des écoles spéciales où ils recevraient à la fois une instruction destinée à en faire des sous-officiers et une éducation morale en rapport avec leur âge et le but que l'on se proposait.

Une première École fut, à titre d'essai, organisée à Rambouillet en 1875; les résultats obtenus ayant été satisfaisants, une décision de 1886 arrêta la création de cinq autres établissements semblables; soit six en tout, dont quatre pour l'infanterie, un pour la cavalerie, un pour l'artillerie et le génie, sous le nom d'Écoles préparatoires.

Ces écoles sont uniquement destinées à préparer pour les corps de toutes armes de bons sous-officiers ; les enfants y entrent à treize ans et restent jusqu'à dix-huit ; à cet âge, ils sont tenus de contracter un engagement de cinq ans ou leurs parents doivent rembourser à l'État les frais d'instruction et d'entretien qu'ils ont coûté.

On le voit, il n'y a pas encore là ce qui existe en Allemagne ; il est vrai qu'avec notre système d'instruction secondaire qui comporte de nombreuses bourses et demi-bourses, les enfants de troupe chez lesquels on reconnaîtra des dispositions spéciales seront admis dans un lycée et pourront s'y préparer pour Saint-Cyr et Polytechnique, en supposant que notre organisation scolaire militaire ne soit pas modifiée, ce qui est peu probable.

Avant de parler de la seule école préparatoire que nous ayons du Prytanée de la Flèche, nous ne saurions oublier un établissement dont la création récente est un véritable bienfait pour toute une catégorie de malheureux enfants : l'orphelinat Hériot.

Les Écoles d'enfants de troupe dont nous venons de parler ne reçoivent en effet ceux-ci qu'à partir de la treizième année ; en outre, les orphelins, jusqu'à cet âge, ne touchent aucune aide de l'État, sauf une pension minime si le père est mort ayant des droits à la retraite.

L'orphelinat Hériot les recueille dès leur cinquième année ; ils y trouvent les soins dont ils ont besoin, les plus jeunes sont entre les mains de religieuses, tous y reçoivent l'instruction primaire jusqu'à ce qu'ils puissent entrer dans les Écoles préparatoires ; de plus, ceux qui travailleront et montreront des aptitudes spéciales, seront placés dans les lycées par les soins du fondateur.

On le voit, il y a là un grand pas de fait ; certainement, d'ici quelques années on trouvera le moyen d'opérer une sélection et d'organiser au-dessus des Écoles préparatoires de sous-officiers une École préparatoire d'officiers : le Prytanée est là qu'il suffit de légèrement modifier et d'agrandir un peu. Comme l'a dit dans son discours, lors de l'inauguration de l'orphelinat Hériot, le général Boulanger :

« C'est par l'enfance que toutes les pensées durables, destinées à s'emparer de l'humanité, ont pénétré chez les peuples. »

En apprenant à l'enfant ce que c'est que l'armée, le devoir, la discipline, on le mettra en état de rendre plus de services au pays. Il pourra s'instruire des choses militaires, savoir comment et pourquoi fixer son choix sur une arme plutôt que sur l'autre. Tel, inutile dans un rôle auquel il est inhabile, devient précieux dans un autre. La Fontaine l'a fort justement exprimé dans sa fable du *Lion s'en allant en guerre :*

« Renvoyez, dit quelqu'un, les ânes qui sont lourds
Et les lièvres, sujets à des terreurs paniques. —
« Point du tout, dit le roi, je les veux employer,
Notre troupe sans eux ne serait pas complète :
L'âne effraiera les gens, nous servant de trompette,
Et le lièvre pourra nous servir de courrier. »

D'autre part, il est bon que les fils de militaires, qui ont déjà dans le sang des dispositions spéciales, trouvent un accès facile et un accueil immédiat dans ces divers établissements, il est bon, comme on l'a décidé d'ailleurs, que les enfants de tous les citoyens y puissent être reçus.

« Loin de chercher à isoler l'armée de la société, dit un écrivain militaire, il faut résolument accepter la situation nouvelle qui lui est faite ; il faut vouloir et préparer soi-même le mélange intime, la fusion qu'on ne peut plus, qu'on ne doit plus empêcher. Il faut faire en sorte d'inculquer à tout citoyen les qualités militaires, à tout militaire les qualités du citoyen. »

Le Prytanée de la Flèche, d'abord institué à St-Cyr, existe depuis le commencement du siècle. Dès le XVIe siècle, Henri IV institua dans les bâtiments actuels, un collège de Jésuites dont les élèves, appartenant à la noblesse, entrèrent tous dans l'armée ; mais ce ne fut que le duc de Choiseul qui en fit une succursale préparatoire de l'École militaire de Paris fondée depuis près de quinze ans déjà. Toutefois, l'enseignement de ce collège était purement scientifique ; les élèves y restaient jusqu'à leur quatorzième année, et passaient alors à l'École de Paris où ils recevaient l'instruction militaire.

Nous avons dit plus haut comment Bonaparte fit un Prytanée militaire de l'établissement des Jésuites ; il lui attribua les anciennes dotations des collèges que la Révolution n'avait pas vendus, de sorte qu'il se trouva posséder des immeubles à Paris, des marais salins dans l'île de Ré, des rentes sur l'État, des créances sur l'empereur d'Autriche, etc... Devenu souverain, il obligea les familles nobles à y envoyer leurs enfants et en fit une sorte d'établissement de conversion et de ralliement à ses idées. Les pères de famille recevaient soudain un avis ainsi conçu :

« L'Empereur vient de nommer votre fils élève du Prytanée ; la pension est de 1200 francs, votre fils doit être rendu dans quinze jours. »

D'ailleurs, cet établissement jouissait alors de privilèges spéciaux ; en cas d'insuffisance d'élèves de Saint-Cyr, ceux du Prytanée pouvaient être nommés officiers de suite et, jusqu'en 1808, ils eurent la faveur d'être placés dans les régiments en qualité de caporaux fourriers.

Après des modifications nombreuses subies à chaque changement de régime, le Prytanée devint, en 1857, un collège militaire dont l'enseignement fut le même que celui de l'Université, à laquelle appartenaient les professeurs, et qui ne présenta d'autre différence avec les lycées que le port d'un uniforme spécial et l'existence d'un personnel militaire qui dirigeait l'établissement.

Actuellement, le Prytanée peut recevoir, outre cinquante élèves payants, trois cents boursiers et cent dix demi-boursiers, fils d'officiers vivants ou d'officiers et sous-officiers morts à l'ennemi. Les enfants y sont admis à toute époque ; mais, selon l'âge qu'ils ont, ils doivent justifier d'une instruction suffisante pour entrer dans une classe déterminée.

L'instruction comprend les cours nécessaires pour mettre les élèves en état d'être reçus bacheliers ès-sciences ou ès-lettres, et, plus particulièrement, de se présenter à Saint-Cyr et Polytechnique.

Bien qu'ils ne soient pas obligés d'entrer dans l'armée, les Fléchois — ou plutôt les *Brutions*, c'est leur surnom — y font presque tous leur carrière. Le nombre des généraux et des officiers remarquables qui en sont sortis est considérable ; ceux de leurs morts l'est également : les noms en sont inscrits sur deux plaques de marbre à l'entrée de l'établissement.

La solidarité des *Brutions* est très grande ; ils s'entr'aident en toutes circonstances et se retrouvent toujours avec joie ; c'est ainsi qu'en mai 1886, lors de la visite du Ministre de la Guerre, les élèves s'apprêtaient à entrer au réfectoire quand leurs anciens se présentèrent dans les cours. Un colonel, le plus ancien, prit la tête d'un *monôme* de plus de cinq cents personnes qui, précédé de la musique, parcourut tout l'établissement et vint échouer autour des tables où officiers généraux et subalternes prirent place à côté de leurs successeurs.

Étant donnés les résultats obtenus à la Flèche et les dispositions actuelles de la nouvelle loi d'organisation, il serait à désirer que des écoles préparatoires pour les aspirants officiers fussent instituées et que la part faite à l'instruction militaire y fût plus grande qu'au Prytanée.

On pourrait ainsi élaguer bien des cours théoriques superflus des programmes des Écoles spéciales et donner plus de temps aux exercices et manœuvres.

En outre, en admettant très largement, à titre gratuit, dans ces écoles, les jeunes gens intelligents sortant des Écoles d'enfants de troupe, concurremment à ceux qui, fils de non-militaires, seraient en état d'y être reçus après concours, on préparerait de longue main un corps d'officiers homogène, solidaires, connaissant, avant de choisir leur arme, celle vers laquelle leurs goûts et leurs dispositions les porteront de préférence et, par suite, aptes à rendre plus promptement une somme plus grande de services.

III

Être officier ! Pourquoi ? — Pour l'uniforme ? — Qu'est-ce qu'un officier ? — Conditions morales et physiques à réunir. — Combattants et non-combattants. — Assimilés et non assimilés. — Aristocratie et démocratie militaires. — La fusion. — L'officier d'hier et celui d'aujourd'hui. — La devise de l'officier.

« Que veux-tu faire quand tu seras grand ? dit-on à l'enfant. — Je veux être officier, répond-il neuf fois sur dix. »

Qu'est-ce donc et en quoi consiste le métier d'officier ?

Si vous demandez cela à un aspirant à Saint-Cyr, il vous dira que c'est un monsieur qui porte un bel uniforme et qui a du succès auprès des dames — quand il est en uniforme. — Si vous vous adressez à un père de famille intéressé à la question, il y a grand chance pour qu'il déclare qu'un officier est un garçon léger qui ne songe qu'à s'amuser, faire des dettes et traîner son sabre. La preuve, « Mossieu » c'est que son fils, qui est sous-lieutenant depuis trois ans, qui a 189 francs par mois à manger, à Clermont-Ferrand, vient encore de lui demander deux cents francs pour solder son tailleur.

Une jeune femme qui aime le monde déclarera que c'est un cavalier aimable dansant bien et sachant tourner un compliment. Quant à l'officier, lui, il vous dira en ronchonnant que c'est l'être le plus malheureux que la terre ait jamais porté, qu'il faut avoir tué père et mère pour faire ce métier-là, qu'il n'y a que misère et tristesse à y trouver; puis, si vous lui proposez les moyens de sortir de cet enfer, il refusera, ou s'il accepte, rarissime exception, — il passera le restant de ses jours à regretter la démission donnée et à maudire l'ami qui lui en aura fourni le prétexte.

L'officier, vous diront les dogmatiques, est un homme de commandement. C'est lui qui, nouveau Prométhée, doit donner la vie à l'armée : *Mens agitat molem* et, puisque nous en sommes aux citations latines, ajoutons : *Mens sana in sano corpore*. « L'officier est l'âme de l'armée » cette parole du colonel Kaulbars est éminemment juste. Comme l'a dit un auteur dans une très remarquable étude sur *l'Officier et les Cadres inférieurs*, le rôle de l'officier dans l'armée est, avant tout, un rôle d'impulsion.

Pour pouvoir donner cette impulsion à ses subordonnés il faut qu'il réunisse lui-même ces deux qualités : esprit d'initiative et énergie. Ce sont là des dons naturels que l'éducation peut développer, mais qu'elle ne saurait faire naître.

Il n'est pas de carrière qui exige autant de qualités multiples et diverses que la carrière militaire.

Le commerçant, l'industriel, choisissent leurs employés ; ceux qui ne les satisfont pas, ils les congédient. L'officier, lui, est obligé d'accepter les moyens d'action qu'on lui donne; bien plus, il est obligé de leur faire rendre une somme de travail, de leur faire produire un résultat le plus grand possible : avec de mauvais instruments, de piètres agents, il doit obtenir des effets satisfaisants; et pour lui, pas d'échappatoires, la responsabilité est là, il ne peut invoquer, en cas d'échec, l'insuffisance des ressources qui lui ont été données.

« L'armée française est un instrument des plus délicats, a dit le cardinal de Richelieu. C'est la première ou la dernière des armées, suivant qu'elle est bien ou mal commandée. » Nous avons parlé des conditions d'instruction, nous en avons fait ressortir toute l'importance; celle de l'éducation, des qualités morales et physiques n'est pas moindre.

Il faut en effet que les unes et les autres s'entr'aident; que des qualités morales évidentes soient servies par une constitution physique convenable, un corps robuste et vigoureux. « Il est telles natures molles et sans ressort dont il serait aussi insensé de vouloir faire des officiers, que d'un manchot ou d'un cul-de-jatte. Encore, les exemples ne manquent-ils pas d'excellents chefs qui compensèrent par l'énergie de leur volonté et la trempe de leur âme, leurs infirmités ou leur faiblesse corporelle. Tandis que le fait inverse ne s'est jamais présenté. » (*L'Officier et les Cadres supérieurs.*)

Rappellerons-nous le maréchal de Saxe, se faisant porter en chaise pour assister à la bataille de Fontenoy ?

Une des qualités exigées autrefois de tout officier, considérée même comme absolument essentielle, était l'obéissance passive. Actuellement, cette théorie est vivement battue en brèche et, chose étrange, par ceux que l'on aurait crus le plus inféodés à cette idée, par les Allemands. Le major Von der Goltz, du grand état-major prussien, a publié un livre fort remarqué, traduit en français sous le titre de *la Nation armée*. Dans cet ouvrage, parlant de l'esprit d'initiative il dit :

« Il fait les armées fortes ; et nous avons raison de nous en tenir à ce principe que nul officier ayant péché par omission, ne peut faire valoir comme excuse qu'il n'avait pas d'ordres.

» *L'obéissance passive ne nous suffit pas.* La simple exécution des ordres d'un supérieur n'est pas assez à nos yeux si l'occasion s'est présentée de faire davantage. »

Napoléon Ier lui-même, qui avait été officier subalterne très indiscipliné, n'admettait pas le fameux aphorisme militaire que, pour être capable de commander, il faut savoir obéir. Mais il faut reconnaître que l'insubordination a des inconvénients très grands qui n'ont pas toujours pour cause et pour compensation l'étincelle du génie, le feu sacré qui animaient le lieutenant Bonaparte.

La soumission doit savoir rester digne, l'obéissance intelligente ; la passivité ne consiste pas à demeurer en faction dans une maison en feu et à s'y laisser brûler sous prétexte que le caporal de pose ne vient pas vous relever ; il vaut mieux prendre ses jambes à son cou et aller chercher les pompiers.

Nous ne voulons pas dire par là que l'on doive discuter les ordres reçus, adresser à leur sujet des observations à ceux qui vous les donnent ; nous ne préconiserons pas ce système qui, déplorable dans ses résultats au point de vue de la discipline, n'est pas encore adopté parmi les officiers et aurait pour inconvénient immédiat d'attirer des arrêts à celui qui en userait.

Mais c'est en cela que l'esprit militaire et l'esprit d'initiative doivent savoir s'unir. A ces conditions générales communes à tous les officiers : instruction, esprit d'initiative, énergie, il nous faut encore ajouter la bonne tenue, l'élévation du caractère, la dignité de la vie qui imposent le respect au soldat et font estimer l'officier.

« Il faut prouver à ses subordonnés qu'on est capable de les bien conduire, a dit le maréchal Bugeaud. » On peut ajouter : il faut leur donner l'exemple de la dignité et de l'abnégation. L'officier français appartient généralement à la bourgeoisie, il a sa solde pour vivre et rien de plus. Tandis que le corps d'officiers anglais ne comprend que des *gentlemen* fort riches; que la Russie voit se côtoyer dans son cadre des millionnaires et des malheureux que leur traitement ne peut faire subsister notre corps, beaucoup plus homogène, ignore de telles disparates : la solde est exiguë, elle permet de vivre très modestement, oblige même au début à s'endetter quelque peu, mais l'officier français est de nature facile à contenter et se console du présent en escomptant l'avenir.

A côté de ces qualités générales, il en est d'autres, surtout au point de vue physique, plus spéciales à telles ou telles catégories d'officiers. Il est bien évident, par exemple, qu'il faudra plus de sang-froid à un artilleur qu'à un cavalier; plus de vigueur à un cuirassier qu'à un fantassin, plus de légèreté à un hussard qu'à un *trainglot*.

Généralement, les jeunes gens ne se rendent pas compte de la différence des armes et des fonctions : être capitaine dans l'infanterie ou le génie, l'artillerie ou la cavalerie, à l'uniforme près, il n'y a pas de différence; eh bien si, il y en a, et de très grandes. Un capitaine est toujours un capitaine, évidemment ; mais, dans le génie, par exemple, on arrive à ce grade à vingt-sept ans tandis que dans l'infanterie on n'y parvient guère que sept ou huit ans plus tard.

Tout d'abord, on divise les officiers, au point de vue du rôle qu'ils remplissent, en deux catégories : les combattants et les non-combattants. Ce que sont les premiers, on le comprend ; quant aux seconds, si on les appelle non-combattants cela ne veut pas dire qu'ils n'assistent pas aux combats, ne participent pas aux actions ; si, ils y prennent part, mais à l'état passif, ils reçoivent les coups et ne les rendent pas. Le médecin militaire qui, marchant avec son régiment, panse les victimes au poste de secours; l'officier d'administration des hôpitaux guidant les brancardiers pour ramasser les blessés sous la pluie des balles; le sous-intendant allant d'un état-major à l'autre pour assurer le ravitaillement des troupes, ne combattent pas ; mais ils n'en sont pas moins exposés et sont aussi fréquemment atteints que leurs camarades. En principe, la distinction des deux catégories est caractérisée par la nature des galons de grade : aux combattants les galons montants en nœuds hongrois ; aux autres les galons plats faisant le tour de la manche.

Les non-combattants eux-mêmes se divisent en assimilés et non assimilés. Pendant longtemps, tous les non-combattants furent non assimilés, à l'exception des fonctionnaires de l'intendance ; aujourd'hui, il ne reste plus que les officiers d'administration, les archivistes, les adjoints du génie et gardes d'artillerie, les interprètes, qui ne le soient pas. L'assimilation est une disposition légale qui donne au grade dont un officier est investi dans sa hiérarchie spéciale, une correspondance déterminée avec un des grades de la hiérarchie générale qui en comprend neuf, divisés en quatre catégories :

Sous-lieutenant..... ⎫
Lieutenant.......... ⎬ officiers subalternes.
Capitaine.......... ⎭
Commandant....... ⎫
Lieutenant-colonel. ⎬ officiers supérieurs.
Colonel............ ⎭
Général de brigade. ⎫ officiers généraux.
Général de division. ⎭
Maréchal de France ⎬ grand dignitaire de l'État.

Les officiers non assimilés sont généralement dédaignés et peu considérés malgré leur mérite et leur utilité réelle maintes fois constatés. Ils n'ont aucune relation *officielle* avec les officiers des autres corps, qu'à titre d'exception, et avec ceux sous les ordres desquels ils sont directement placés : ce sont des parias.

Quant aux officiers des corps combattants, ils sont, eux aussi, pratiquement, divisés en deux classes : ceux sortis du rang, ceux sortis des Écoles.

Il est, en effet, une chose curieuse à remarquer dans un pays aussi profondément démocratique que le nôtre — en apparence du moins — c'est cette division fort sensible qui existe entre les deux origines de nos officiers.

Inégalité de fortune, différence de naissance, voire même d'éducation, on les oublie facilement entre camarades sortis des écoles ; au contraire, qu'un garçon intelligent et fortuné sorte de Saint-Maixent, il sera considéré comme un être inférieur par d'autres moins bien doués que lui échappés de Saint-Cyr. Et ce n'est pas seulement une question de relations mondaines, de considération personnelle qu'il y a là ; c'est une question d'avenir.

Le général Boulanger, qui a eu toutes les audaces — nous pourrions dire même, toutes les audaces heureuses — a nommé directeur de l'artillerie au Ministère un colonel ne sortant pas de Polytechnique ; c'est la première fois qu'un tel événement se produit et il a fait bondir tous les anciens X !

L'Intendance n'admettait autrefois — il n'y a que fort peu de temps qu'elle a mis de l'eau dans son vin — l'Intendance n'admettait que des anciens élèves des Écoles; le comité dit de Saint-Thomas d'Aquin, le comité d'artillerie, ne classait pour les grades élevés que des anciens polytechniciens; il en était de même du génie. Tout cela se modifie un peu mais ne cessera complétement que le jour où l'on se décidera à adopter en France le système allemand, proposé d'ailleurs par le général Boulanger : origine commune, rendant homogène notre corps d'officiers : le rang d'abord, une école unique ensuite. D'ailleurs, hâtons-nous de le dire, cette homogénéité doit s'entendre surtout du caractère et du tempérament ; les candidats officiers doivent donc y être préparés longtemps à l'avance et être examinés à ce sujet : il faut qu'indistinctement tous les officiers du même grade puissent se suppléer dans leur arme.

Dans l'armée allemande, il n'y a qu'une voie pour arriver officier ; dans la nôtre il y en a deux en principe, et une troisième exceptionnellement.

Les deux modes fondamentaux sont :

1° Le passage par une école spéciale, suivi en certain cas du séjour dans une école d'application;

2° Un séjour d'une certaine durée dans un corps de troupe suivi d'un stage dans une école de sous-officiers.

Exceptionnellement, sont nommés directement officiers sans passer par aucune école : les sous-officiers des corps combattants, pour actions d'éclat ou faits de guerre; les sous-officiers de toutes armes dans certains corps spéciaux non assimilés.

Tandis qu'en Allemagne les officiers, quelle que soit leur affectation ultérieure, passent par une série unique d'écoles, en France, la sélection se fait dès le commencement de la carrière. Le jeune homme de dix-sept ans qui veut être officier se prépare pour Saint-Cyr ou Polytechnique ou s'engage dans un corps de troupe quelconque, sans se rendre compte de la différence de vie, d'études, d'occupations, d'avenir.

Notre organisation scolaire militaire est très complète : pour l'accès dans les corps combattants, chaque arme a deux écoles, l'une pour les élèves des lycées qui y sont admis après concours annuels, l'autre pour les sous-officiers des troupes de l'arme réunissant les conditions d'ancienneté et d'instruction générale voulues.

Pour l'infanterie : Saint-Cyr et Saint-Maixent.

Pour la cavalerie : Saint-Cyr et Saumur.

Pour l'artillerie et le génie: Polytechnique et Versailles.

Au dessus, nous trouvons des écoles d'application: à Saumur pour la cavalerie, à Fontainebleau pour les armes savantes; enfin, une École de Guerre à Paris.

Les corps non-combattants n'ont que trois écoles : une école d'application de médecine et de pharmacie militaires au Val-de-Grâce, à Paris; une école d'administration à Vincennes; une école d'application vétérinaire à Saumur.

On a, ainsi, deux sortes d'officiers; les uns, ignorants des besoins de la troupe, passant du lycée à l'École, de l'École au régiment, sans avoir jamais vécu de la vie du soldat; les autres, possédant des aptitudes militaires plus sérieuses et offrant des garanties morales que ne donnent point les premiers complétement inconnus de tous lors de leur nomination au grade de sous-lieutenant.

Le projet Boulanger, préconisant l'organisation allemande pour le recrutement des cadres supérieurs, demande que, conformément à ce qui se fait chez nos voisins, il ne suffise plus d'être passé par une école et d'y avoir satisfait aux examens de sortie pour faire partie du corps d'officiers. En Allemagne, en effet, le jeune homme sortant d'une école de guerre doit faire, en qualité de porte-épée, un stage d'une certaine durée dans le régiment où il sera nommé lieutenant. Quand une vacance se produit, les officiers du régiment se réunissent et votent pour son admission ou son exclusion. L'unanimité pour l'admission et la simple majorité contre sont exécutoires sans appel; au contraire, si l'admission n'a été prononcée qu'à la majorité, la minorité doit donner les motifs de son refus et le général commandant le corps d'armée prononce.

L'ensemble de cette organisation, qui présente peut-être quelques inconvénients, offre certainement de très grands avantages quant à la valeur et à l'homogénéité du corps d'officiers. Elle ne permet pas les surprises et évite de voir côte à côte des gens que leur éducation, leurs aptitudes, leurs connaissances avaient marqués pour vivre à des degrés différents de la hiérarchie militaire.

On reproche généralement aux élèves des écoles de sous-officiers leur instruction générale insuffisante; on les accuse quelquefois aussi de manquer d'éducation. Disons-le bien haut, les officiers grossiers deviennent de plus en plus rares; autrefois, c'était un système parmi les vieux capitaines de souligner chacun de leurs ordres d'un juron ou d'une épithète injurieuse et, naturellement, les sous-officiers et caporaux s'empressaient de les imiter. Avec le recrutement actuel de l'armée, dans les rangs de laquelle séjournent maintenant des gens bien élevés qui, après s'être acquittés envers le pays du service actif, deviennent souvent officiers de réserve et de territoriale, les manières de faire ont dû se modifier.

D'autres modifications aussi, et celles-là plus sensibles encore que la précédente, ont surgi dans la vie de l'officier. Un vocabulaire comique, datant d'une trentaine d'années, peu sympathique aux militaires, porte au mot *Officier* la définition laconique mais caractéristique suivante :

« Voir buveur d'absinthe et traîneur de sabre. »

Si nous avions à recommencer cet ouvrage, nous renverrions au mot : *Travailleur*. Après la dernière guerre on a reproché à nos officiers une ignorance profonde; cartes insuffisantes, absence complète de connaissance des langues vivantes, en général, et de l'allemand en particulier, indifférence et nullité absolue pour tout ce qui touchait à l'organisation des armées étrangères.

Quand on pense que l'Allemagne avait organisé dès 1866 un service complet des chemins de fer et qu'il nous a fallu arriver en 1872 pour l'imiter! Tandis que l'État-Major général allemand avait des cartes merveilleuses de notre pays, les nôtres étaient incomplètes et ridicules; nous avions toutes les peines du monde à trouver quelques officiers d'État-Major pouvant se faire comprendre en Alsace !

Nos défaites nous ont heureusement servi ; l'impulsion a été donnée, de bas en haut on cultive les langues vivantes ; notre service topographique fonctionne, nos chemins de fer sont prêts —personnel et matériel,— la moyenne des résultats obtenus à l'École de guerre s'élève chaque année et il semble que nous nous pénétrions enfin de cette maxime que l'Académie de guerre de Berlin a insérée dans son programme d'enseignement :

« L'instruction de l'École fournit aux officiers un appui solide *pour les études supérieures.* »

« *Travail et dignité* » doivent être la devise

du sous-lieutenant nouveau promu ; qu'il se rappelle les paroles de d'Aguesseau à son fils terminant ses études :

« Tout ce que vous avez fait n'est encore qu'un degré, qu'une préparation, pour vous élever à des études d'un ordre supérieur. »

IV

Comment on devient officier d'infanterie. — École spéciale et école de sous-officiers. — Fontainebleau. — Saint-Cyr : le rêve et la réalité. — Brimades. — Le pinceau du Saint-Cyrien. — Saint-Maixent. — Histoire d'un réveillon. — Sous-lieutenants ! — Les satisfaits et les ambitieux.

La force des armées est toute dans l'infanterie ; c'est elle qui en constitue la masse, l'élément essentiel ; elle est la base de toutes les opérations, le facteur essentiel du succès, en dépit du progrès de l'artillerie qui tend à la détrôner. Sur vingt mille officiers de troupes, il y en a douze mille appartenant aux corps d'infanterie. Comment se recrutent-ils ? Notre organisation actuelle oblige tout aspirant-officier à passer par une école : école spéciale ou école de sous-officiers ; il n'y a d'exceptions que pour le temps de guerre, encore faut-il qu'elles soient motivées par une action d'éclat ou un fait mis à l'ordre du jour. Pour l'infanterie, les deux écoles sont l'École spéciale militaire de Saint-Cyr et l'École des sous-officiers à Saint-Maixent.

Ce n'est que depuis une dizaine d'années que l'on a résolu d'exiger des aspirants à l'épaulette, sortant du rang, des garanties d'instruction générale. Autrefois, les sous-officiers des corps de troupe jugés aptes à devenir officiers étaient proposés par leur chef de corps, examinés par l'inspecteur général et, classés sur sa proposition, passaient à mesure que se produisaient des vacances dans les cadres. De ce système résultaient deux inconvénients fâcheux ; d'une part, tous les blackboulés de Saint-Cyr, ceux même qui n'avaient pu concourir par suite de leur manque d'instruction, mais à qui leurs relations, leur origine, leur fortune, apportaient un appui, passaient officiers presque aussi rapidement que leurs camarades plus travailleurs ou plus heureux reçus à l'École. D'autre part, tel sous-officier, plein de mérite dans les emplois subalternes, excellent comptable, bien vu de son capitaine, sympathique à son colonel, se trouvait proposé, classé et, le jour où son tour arrivait d'être promu, on reconnaissait — mais trop tard — qu'il n'avait ni l'éducation, ni l'instruction suffisante pour faire un officier, étant donné surtout que par suite de l'organisation actuelle de notre avancement, tout sous-lieutenant est certain de passer capitaine. Or, le rôle de ceux-ci devenant de plus en plus important chaque jour, en comprend tout le danger d'un pareil recrutement.

A la suite de ces remarques, on se résolut à imposer aux sous-officiers candidats officiers une instruction première suffisante pour leur permettre de remplir utilement les fonctions d'officier subalterne ; et, afin d'uniformiser celle-ci le plus possible, des cours furent créés dans chaque régiment, sous le nom d'écoles régimentaires, et un premier établissement spécial fut fondé en 1874 au camp d'Avor, sous le nom d'École des sous-officiers d'infanterie.

A côté de ce recrutement essentiellement démocratique qui, même, après 1830 fut sur le point d'être le seul maintenu, il en existe un autre, qui devrait être numériquement le plus important, puisque la loi fixe la part à faire dans les nominations de sous-lieutenants à deux élèves des écoles pour un sous-officier ; tandis qu'actuellement, en réalité, la proportion est renversée : le recrutement par sélection dans l'élément civil.

Avant 1789, avons-nous dit dans un chapitre précédent, il existait une École spéciale militaire, l'École de Paris qui fournissait des officiers à toutes les armes. On y entrait après un séjour dans l'une des écoles préparatoires spécialement destinées à en assurer le recrutement et dont Brienne est la plus connue, grâce, surtout, à l'un de ses élèves, Napoléon, qui fut loin d'en être un des lauréats puisqu'il en sortit quarante-deuxième sur cinquante-huit.

Ce fut lui, cependant, qui, étant Consul, réorganisa cette Ecole guidé par ses souvenirs personnels et dans un sens beaucoup plus pratique qu'elle n'existait auparavant. A l'exemple des écoles préparatoires, de Brienne, il voulut militariser les lycées et y faire passer toute la jeunesse de l'État pour la diriger ensuite sur l'École spéciale.

« Qu'est-ce qui distingue les hommes ? dit-il. L'éducation, n'est-ce pas ? Eh bien ! si les enfants des nobles peuvent être mis dans les lycées, ils auront autant d'éducation que les hommes nouveaux qui font la force de mon gouvernement ; ils finiront par entrer dans mes régiments comme officiers. »

L'École militaire fut d'abord créée à Fontainebleau, tandis qu'à Saint-Cyr était installé le Prytanée militaire dont les élèves avaient chaque année droit à cent places dans la première.

Le grand principe de Napoléon, principe dont il ne se départit que dans la création de l'École de Saint-Germain, qu'il destinait aux jeunes gens de familles riches, fut de préparer les enfants, dès leur entrée à l'école, à la vie modeste et simple qui les attendait. A Brienne et à l'École de Paris, en effet, le luxe le plus grand était de mise. Aussi, se conforma-t-il à ces lignes qu'il avait écrites étant cadet-gentilhomme :

« Puisqu'ils (les élèves) sont pauvres et destinés au service militaire, n'est-ce pas la seule éducation qu'il faudrait leur donner ? Assujettis à une vie sobre, ils en deviendraient plus robustes, sauraient braver les intempéries des saisons, supporter avec courage les fatigues de la guerre et inspirer un respect et un dévouement aveugles aux soldats qui seraient sous leurs ordres. »

L'École de Fontainebleau, transférée ensuite à Saint-Cyr, fut donc organisée très simplement et complétement militarisée. Alors, comme maintenant, les élèves faisaient tout eux-mêmes, leur lit et leurs corvées personnelles. Cependant, le régime intérieur s'est adouci puisque l'article 13 de l'arrêté organique de l'École de Fontainebleau disait :

« Il y aura des corvées de chambre ; les élèves seront placés par chambrée, mangeront à la gamelle et feront eux-mêmes leur cuisine.

» Ils auront du pain de munition, iront au bois et aux provisions, etc... »

Aujourd'hui, la situation s'est améliorée à ce point de vue. Cependant, le séjour à Saint-Cyr n'est pas précisément un temps de délices pour le lycéen qui, après avoir été reçu au concours, entre à l'École.

« Il rêve à l'épaulette, à la gloire, à l'amour,
Quand il est réveillé par un maudit tambour.
Leste ! sur le bahut d'un seul bond il s'élance
Il passe un caleçon, un pantalon garance,
Et tirant du bahut sa brosse et son astic
Il se met à brosser ses boutons dans le chic. »
 (*La Journée du Conscrit*).

Pour entrer à Saint-Cyr, il faut avoir au

moins dix-huit ans au 1ᵉʳ octobre et vingt ans au plus au 1ᵉʳ janvier, être pourvu d'un diplôme de bachelier, avoir l'aptitude militaire et prendre part à un concours annuel, qui comprend des épreuves écrites et orales.

Les promotions sont généralement, depuis quelques années, de deux cent cinquante élèves : il s'en présente mille cinq cents. Bien qu'en principe le séjour à l'École soit payant, il est accordé à ceux qui en ont besoin et en justifient, des bourses et demi-bourses en nombre très considérable.

La durée des cours est de deux ans ; ils sont essentiellement techniques et comprennent des notions des diverses branches de l'art militaire :

Quand, tout heureux d'avoir reçu sa lettre de nomination, se voyant déjà revêtu de l'uniforme de l'école, le *casoar* flottant sur le shako, le *conscrit* descendant du train accompagné de son père, se voit en face d'un immense bâtiment à deux étages dont les larges fenêtres grillagées ont un air quelque peu rébarbatif ; quand, surtout, il a franchi la porte et, conduit par un homme du cadre, se voit immatriculé et enfermé pour deux ans, le cœur lui manque un peu et il jette un regard en arrière. Découragement bien vite chassé par la série de petits incidents qui marquent la journée d'entrée : passer à la tondeuse, d'abord, s'habiller ensuite, essayer vingt vêtements avant de se décider à en adopter un qui, lui-même, ne va qu'approximativement mais constitue un uniforme et que l'on porte avec autant de fierté que de gaucherie.

Vient ensuite l'entrée à l'étude, le classement, la liaison avec les voisins et les racontars de ceux qui se disent bien informés et effraient les ignorants et les naïfs par le tableau des brimades préalables et le récit d'omelettes fantastiques et de processions nocturnes des anciens.

Les élèves de seconde année, les anciens, ne rentrent que quelques jours après les nouveaux ; ils sont tout à la joie de voir poindre la seconde moitié de leur *carcere duro* et se consolent d'avoir été quelque peu brimés, l'année précédente, en brimant les autres à leur tour.

Mais hélas ! encore une tradition qui s'en va ! les brimades deviennent de plus en plus rares et sont surtout inoffensives. En réalité, il ne faut pas les regretter car elles ont eu pendant trop longtemps une existence quasi-légale que respectaient les généraux et les surveillants qui, eux-mêmes, y avaient passé et prétendaient qu'elles formaient les caractères et n'avaient pas d'inconvénients puisque le roulement annuel transformait les brimés de la première année en brimeurs au cours de la seconde. Les nombreux accidents qu'elles occasionnèrent eussent dû cependant les faire réprimer sévèrement. Maintes fois, en passant un *conscrit* à la couverte, c'est-à-dire en le faisant sauter sur une couverture en compagnie de paires de bottes et autres choses de ce genre, il arrivait qu'on lui fracassât quelque peu la tête, soit au plafond, soit sur le plancher où il venait à retomber par la maladresse des brimeurs. Des duels en résultèrent en plusieurs circonstances et furent suivis de mort d'homme.

Comment se fait-il, demandera-t-on, que des jeunes gens approchant de la vingtième année, appelés à être nommés sous-lieutenants à bref délai, c'est-à-dire à avoir un commandement, une responsabilité à assumer, se laissent aller à de tels enfantillages. Il faut reconnaître qu'il en est ainsi dans toutes les réunions d'individus. Des hommes graves taperont des pieds au théâtre pour hâter le lever du rideau, si les Gavroches du *paradis* leur en donnent le signal. Deux cents étudiants en droit ou en médecine, réunis dans un amphithéâtre, au lieu d'écouter le cours de leur professeur, pousseront des cris d'animaux et jetteront des boulettes de papier mâché au plafond.

Puis, la vie dans les Écoles militaires est si pénible ; c'est une telle suite de fatigues corporelles et intellectuelles que, ma foi, on tâche de se distraire comme on peut.

..... O vous, dames charmantes,
Qui trouvez l'officier si brillant et si beau,
Vous ne vous doutez pas que ses mains élégantes
Ont souvent, autrefois, manœuvré le pinceau.
Le pinceau, direz-vous, le mot est artistique !
Rien au monde pourtant ne fut moins poétique.
Nos pinceaux, dont Vernet ne se servit jamais,
Se vendent en tous lieux sous le nom de balais.
....

On comprend le peu de charmes que présente à un lycéen qui a toujours trouvé son lit fait, sa chambre balayée, ses bottes cirées, l'obligation de se servir à lui-même de femme de ménage. Mais tout cela passe ; les cours, les interrogations, les manœuvres se succèdent, les examens de Pâques arrivent puis ceux de fin d'année, à la suite desquels les premiers reçoivent les galons de sergent-major, sergent et caporal. La seconde année s'écoule à son tour et, après l'examen final, ayant choisi son régiment d'après le numéro de sortie, on part, et l'on reconnaît que l'on eut raison de se dire comme celui qui écrivit ces vers et mourut en Crimée quelques mois après sa nomination de sous-lieutenant :

Ainsi pendant deux ans s'écoule notre vie.
Tous les jours sont pareils ! triste monotonie
Qui nous fait soupirer après des temps meilleurs
Comme jadis Tantale après des fruits trompeurs.
Mais toute peine doit trouver sa récompense ;
Nous souffrons aujourd'hui, plus tard viendra le bien
Et l'épaulette d'or, noble et chère espérance,
Calmera les douleurs du pauvre Saint-Cyrien.

(*La Journée du Saint-Cyrien.*)

Une fois sorti, tout est oublié, le dolman fait passer sur le bourgeron et l'on court à la famille se montrer tout resplendissant de l'éclat de sa tenue encore neuve et songeant aux conquêtes féminines futures, en attendant les autres.

Nous avons dit que le second moyen d'arriver sous-lieutenant d'infanterie était de passer par un corps de troupe quelconque de l'arme ou de l'administration, d'obtenir le grade de sergent pour lequel il faut au moins six mois de service comme soldat et six mois comme caporal et, une fois sous-officier, ayant deux ans au moins de ce grade, être proposé par son chef de corps, maintenu par l'inspecteur général et concourir pour l'École des sous-officiers d'infanterie.

Autrefois, lors de l'École du camp d'Avor, les candidats reçus suivaient des cours durant un an et, à part les premiers nommés de suite sous-lieutenants, rentraient à leur ancien corps avec le grade qu'ils y avaient et y attendaient leur promotion. Cette organisation a été perfectionnée en 1881 par la création de l'École de Saint-Maixent qui reçoit chaque année environ cinq cents sous-officiers. Le concours d'admission est des plus simples; aussi se plaint-on que l'instruction générale des sous-lieutenants provenant de cette école soit absolument insuffisante. Il est bien évident en effet que ceux qui vont à Saint-Maixent appartiennent à l'une ou l'autre de ces catégories: jeunes gens de bonne famille ayant échoué par paresse ou malechance aux examens de Saint-Cyr et qui se sont engagés; fils de gens de la campagne ou d'ouvriers, n'ayant eu qu'une instruction élémentaire qu'ils ont perfectionnée eux-mêmes plus ou moins. Les premiers sont évidemment les moins nombreux ; cependant, si au point de vue de l'instruction ils offrent plus de garanties que les seconds, ils n'ont pas l'aptitude militaire et la pratique qui, chez eux, compensent parfois l'insuffisance de celle-ci.

D'ailleurs, des dispositions toutes récentes ont fait dans les examens d'entrée une part beaucoup plus considérable à l'expérience et à l'aptitude militaire. De la sorte, on aura deux catégories absolument distinctes : d'un côté des sous-lieutenants très instruits, sans connaissance ni pratique de la vie militaire, de l'autre des officiers plus âgés, habitués au soldat et n'ayant qu'une instruction très superficielle. Heureusement que ce système n'est que provisoire et que le projet Boulanger amalgamera ces deux éléments en ce qu'ils ont de bon l'un et l'autre, de façon à obtenir un corps mixte, homogène, ayant les qualités des deux et n'en ayant pas les défauts.

Les élèves de Saint-Maixent ont la tenue, le

grade et la solde d'adjudants. Ils sont casernés, vivent en mess, suivent des cours journaliers et ont des études mais font surtout beaucoup de manœuvres de toutes sortes. Ils ont, en somme, le même programme qu'à Saint-Cyr mais ramené au niveau des études antérieures qu'ils sont supposés avoir faites.

Les cours sont professés par des lieutenants et capitaines; un colonel dirige l'école assisté d'officiers supérieurs. Au dire des intéressés, Saint-Maixent serait, de toutes nos écoles militaires, celle où l'on travaille le moins. Il est certain que l'on y mène assez joyeuse vie et que la part très minime donnée au travail intellectuel laisse toute carrière à l'imagination. Aussi cherche-t-on généralement à s'y amuser de son mieux et le plus possible; c'est ainsi qu'il y a quelques années se passa l'aventure suivante que nous raconta un des acteurs.

« La nuit de Noël, ayant décidé de réveillonner nous nous étions tous munis, dans la chambre que nous occupions à six, de victuailles et de liquides. Celui-ci avait apporté un poulet, cet autre un pâté, le troisième des gâteaux, un quatrième du champagne ; bref, nous étions fort bien approvisionnés. A l'extinction des feux nous calfeutrons nos fenêtres avec des couvertures, nous faisons une rafle de charbon dans les chambres voisines et nous bourrons notre poële jusqu'à la gueule : des bougies allumées et le quinquet réglementaire nous éclairaient. Le festin commença; nous mangeâmes, nous bûmes, et pendant le repas le feu étant prêt à s'éteindre et le combustible manquant, nous coupons nos couvertures et nous les brûlons en guise de charbon : je me hâte de dire que nous commencions à ne plus discerner très nettement ce que nous faisions. Soudain, une idée me traversa l'esprit :

« Si nous allions placer nos bouteilles vides sur la fenêtre du capitaine de semaine. » Une si belle idée ne pouvait manquer d'avoir du succès. Tous les six, nous nous précipitons vers la fenêtre en question et, comme j'étais le plus grand, j'y installe régulièrement, en rang de bataille, bouteilles et vases vides : sur ce, nous nous couchons.

Au réveil, grand émoi; le quartier est consigné, le capitaine ayant découvert les reliefs du festin et tenant à connaître les auteurs du méfait. Ma foi, j'étais déjà puni, je me déclare avec un autre de mes camarades et les autres recouvrent leur liberté.

Le lendemain, le colonel nous fait appeler :
« Vous n'étiez pas seuls, jamais à deux vous n'auriez pu faire une telle besogne. Je veux connaître vos camarades. S'ils ne se déclarent pas toute l'École sera punie.

— C'est vrai, lui dis-je, nous n'étions pas seuls.

— Quel est celui qui a placé les verres vides sur la fenêtre de la chambre de garde?

— C'est moi, mon colonel.

— Vous, vous serez sévèrement puni.

— Permettez, ce n'est que ma taille qui m'a désigné. »

Le colonel levant les yeux sur lui le regarda;

il lui trouva bonne mine et belle taille, se ressouvint sans doute qu'étant jeune il avait fait quelque équipée de ce genre et, les ayant congédiés, se contenta de leur mettre quatre jours de consigne à la chambre.

L'année de cours se passe donc égayée d'incidents de ce genre; le mois de janvier arrive, les examens de sortie se préparent et dans les premiers jours de mars les boulevards de Paris sont inondés de sous-lieutenants nouveau promus qui viennent y arroser leurs galons et y manger les quatre cents francs d'indemnité que l'État leur alloue pour frais de première mise.

Puis, chacun va passer en famille le mois de permission traditionnel commun à l'élève de Saint-Cyr et à celui de Saint-Maixent et rejoint enfin son régiment, brûlant de goûter à cette carrière à laquelle il se prépare depuis si longtemps; les uns avec le seul désir de vivoter tranquillement et de partir avec la retraite de capitaine et la croix au bout de trente ans de service, les autres, ambitieux, songeant à la voie qu'ils prendront pour arriver général le plus promptement possible.

V

Comment on devient officier de cavalerie. — La cavalerie corps aristocratique. — Napoléon Ier et l'École de Saint-Germain. — Histoire d'un squelette. — Saint-Cyr et la section. — Saumur. — Officiers élèves et lieutenants d'instruction. — Carrousels et concours hippique. — Saumur école de sous-officiers. — L'instruction des officiers de cavalerie. — Favoritisme : histoire d'un sous-lieutenant de cavalerie. — Les échappatoires. — Le train.

Chacun sait que le cavalier est de beaucoup supérieur au fantassin. Dame ! c'est naturel, puisqu'il est à cheval. Cette opinion, disons-le, n'est pas absolument partagée par l'infanterie et, maintes fois, sa discussion a amené un échange de coups de fleurets ou de sabres, suivant que c'était le cuisinier ou le lapin, — j'entends le cavalier ou le fantassin — qui avait commencé.

Évidemment, la cavalerie a des attraits « à nul autre pareils ». De tous temps elle a été l'arme aristocratique et l'on sait toute la difficulté qu'éprouvèrent les rois à décider leur noblesse à combattre dans les rangs de l'infanterie ; aussi, lors de la création des armées permanentes, comptait-on, pour un effectif total de 65,000 hommes, 18,000 cavaliers — tous ou presque tous gentilshommes — soit près du tiers de l'effectif total, tandis que la proportion actuellement jugée nécessaire varie entre 1/8 et 1/10 de cet effectif.

Il en fut toujours ainsi et la haute noblesse ne consentit jamais qu'à son corps défendant à servir à pied. Ce sentiment persista même pendant la Révolution où la cavalerie improvisée en 1792 fut constituée essentiellement par les fils de bourgeois aisés sachant monter à cheval, groupant les chevaux qu'ils possédaient ou en achetant et se formant en escadrons de cavalerie légère.

« C'est ainsi qu'en 1793, lors des Réquisitions de la Liberté, dit Chassin dans *l'Armée et la Révolution*, la Convention, s'apercevant que les compagnies de gardes nationaux à cheval, un moment expédiés vers le théâtre de la guerre, en 1792, étaient revenues dans les villes, y formaient des corps en excellent état, et, de plus, se trouvaient composées de riches et d'aristocrates, les mit tous à la disposition du ministre de la guerre. »

Napoléon, quand il chercha à attirer à lui les fils des familles aristocratiques rentrées en France qui le boudaient, songea à utiliser cette faveur dont jouissait encore la cavalerie. Les officiers de cette arme se recrutaient alors à Saint-Cyr; il fonda pour remplacer cette école celle de Saint-Germain, annexe de la première et destinée à préparer des sous-lieutenants pour la cavalerie de même que Saint-Cyr en préparait pour l'infanterie. Pour empêcher tout mélange démocratique qui eût pu en écarter ceux qu'il y voulait voir venir, il fixa le taux de la pension à 2,400 francs ; en outre, afin d'augmenter l'attrait de l'École, il donna aux élèves un uniforme élégant et riche et veilla de près à ce que rien n'y manquât. A la suite de diverses plaintes qu'il en reçut, il écrivait au duc de Feltre, alors ministre :

« Faites-moi un rapport sur le régime de l'École. Le pain doit y être bon, la nourriture abondante, l'éducation variée. On doit y enseigner le dessin, la musique, l'histoire, la géographie, la littérature. Cette école ne remplit pas mon attente ; elle est destinée à recevoir les enfants des familles les plus riches de France et on les en éloigne. »

Les familles aristocratiques de France et de Hollande envoyèrent leurs enfants à cette école qui, supprimée en 1814, fut, durant sa courte existence, le centre de l'opposition à l'Empereur et un foyer continuel de révolte et d'insubordination.

A Saint Germain comme à Saint-Cyr, les duels étaient fréquents et l'Empereur ne s'en souciait guère, pas plus d'ailleurs que des brimades qui y donnaient lieu. A ce sujet, voici ce que raconte de Montzey dans ses *Institutions militaires :*

« Un fait mystérieux se rattache aux souvenirs de l'école de cavalerie de Saint-Germain. Dans les premiers mois de l'année 1814, un détachement d'élèves fut envoyé à Bayeux par mesure de guerre. Un de ces jeunes cavaliers manqua un jour à l'appel et disparut sans que des recherches incessantes aient jamais pu donner le moindre indice sur son sort. Pendant le règne de Louis-Philippe, on eut à faire des réparations dans une vieille écurie de Bayeux ; en creusant de nouveaux fondements on mit à découvert le squelette d'un jeune homme pouvant, au dire des médecins, avoir atteint l'âge de dix-sept à dix-huit ans au moment de son décès. On se rappela alors qu'à l'époque où on pouvait faire remonter le fait, cette même écurie avait été occupée par les chevaux du détachement de l'école de Saint-Germain qui avait séjourné à Bayeux. On fut amené à penser qu'un duel avait eu lieu et que l'un des deux combattants ayant succombé, avait été enterré sur place par ses camarades.» (Archives de la Guerre.)

La disparition de l'École de Saint-Germain entraîna un retour à l'ancien système dans lequel on prélevait chaque année, sur l'effectif des élèves de Saint-Cyr, la quantité d'officiers nécessaires à la Cavalerie. Après bien des procédés divers de sélection, on s'est définitivement arrêté à celui-ci actuellement en usage :

Chaque année, au classement de Pâques, une commission spéciale examine les élèves de la deuxième division ayant des aptitudes ou des connaissances déjà acquises en équitation. Le chiffre d'élèves ainsi prélevé est supérieur d'un quart à celui que l'on désire garder définitivement; tous suivent jusqu'à la fin de l'année des leçons spéciales d'équitation et, au classement de passage en première division, un classement officiel détermine ceux qui constitueront la section de cavalerie l'année suivante.

Faire partie de la « section » est le rêve de

beaucoup : voir un sabre au côté au lieu du modeste coupe-choux vous donne un air plus militaire et vous permet de faire plus de genre. Puis, c'est l'aristocratie de l'école qui compose généralement cette section. Les jeunes gens prudents appartenant à la petite bourgeoisie, se gardent bien d'y entrer, sachant la vie de dépenses et d'entraînements qui les menace, tant à l'École qu'à Saumur, puis au régiment. Au contraire, tous ceux qui ont un *de* ou qui, issus de familles riches, brûlent de faire du tapage et de vivre au contact de ceux dont ils envient le blason, souvent dédoré, font des pieds et des mains pour y être classés.

Les Saint-Cyriens cavaliers sont donc tous élèves de seconde année. A la fin de leur séjour ils sont promus sous-lieutenants dans un corps de cavalerie à leur choix — d'après leur numéro de classement — et envoyés à l'École d'Application de Saumur. Comment la cavalerie ne ferait-elle pas tourner les têtes, avec l'agrément du cheval, sa réputation aristocratique, l'attrait des uniformes brillants de tous ceux qui en font partie.

« Aux grands jours, dit Teller dans ses *Souvenirs de Saint-Cyr*, quand les officiers-écuyers se présentaient en tenue de manège, c'est-à-dire en culotte blanche, bottes molles, tunique noire relevée de passementeries et d'aiguillettes d'or, le petit chapeau posé en bataille sur la tête, ils apparaissaient comme des êtres à part. »

Une fois sorti de Saint-Cyr, il faut encore aller passer un an à Saumur ; c'est là que les sportmen donnent cours à leurs goûts. De toutes les écoles, c'est évidemment celle dont les leçons sont suivies avec le plus de plaisir, et nous dirons, presque le plus de succès. L'École d'Application de cavalerie jouit en effet d'une réputation universelle, non-seulement comme école de cavalerie militaire, mais aussi comme Académie d'équitation, grâce au renom et à la science de tous ceux qui en ont exercé successivement le commandement ou s'y sont fait connaître comme écuyers.

Il y a plusieurs catégories d'officiers qui y suivent des cours : d'abord les officiers-élèves sortis de Saint-Cyr et qui y viennent compléter leur éducation équestre et militaire ; puis, les lieutenants d'instruction détachés des corps de troupe de cavalerie et des lieutenants et sous-lieutenants d'artillerie.

Les officiers-élèves, auxquels se joignent les sous-lieutenants sortis du rang et promus sans avoir suivi les cours de sous-officiers dont nous parlerons plus loin, forment la division la plus intéressante de l'École. C'est eux surtout qui en conservent les traditions de science, de travail et, ajoutons-le, de plaisir. Pour être menée avec entrain, leur tâche n'en est pas moins pénible ; les Parisiens qui les ont vu manœuvrer au Carrousel de 1886 ont pu se rendre compte de la difficulté que doivent éprouver de tous jeunes gens mis pour la première fois en contact avec des chevaux de pur sang pour arriver à se tenir en selle et à ne pas trop se laisser désarçonner dans les exercices violents auxquels ils se livrent.

5.

Pendant longtemps, le talent équestre des officiers-élèves eut pour consécration la participation aux concours hippiques et aux courses militaires; le général Boulanger, voulant couper court à des exagérations qui avaient amené certains d'entre eux à transformer leur képi de sous-lieutenant en casquette de jockey, leur a interdit formellement de prendre part aux premiers et n'a autorisé la participation aux secondes que dans des conditions déterminées. Affirmer que tout le monde s'en est déclaré satisfait serait beaucoup dire ; pensez donc, que de succès mondains, que de cœurs enlevés à la pointe... de la cravache, et comme, après un triomphe sur la piste, on pouvait fredonner, tout en faisant sonner ses éperons, les vers d'Ogier d'Ivry :

> Quand j'étais houzard de la garde
> J'étais par ma foi très fringant
> Et bien des maris prenaient garde
> Car j'étais fort entreprenant.
> . . . .

> J'aimais traîner la sabretache
> Et j'étouffais dans mon dolman,
> Et j'ébouriffais ma moustache
> Avec des airs de capitan.
>
> (*Rimes de Cape et d'Épée.*)

La division des lieutenants d'instruction comprend des officiers détachés des régiments de cavalerie, à raison d'un par brigade, qui viennent à Saumur se perfectionner dans la science du cheval, le travail militaire, la tactique de l'arme et toutes les questions qui la concernent. Au bout d'un an de séjour à l'École ils sortent après classement; les deux premiers sont nommés capitaines de droit et voient leur nom inscrit dans le salon d'honneur vis à vis de ceux des généraux qui ont passé par Saumur. Une fois capitaines, ils remplissent dans les corps de leur arme les fonctions d'instructeurs.

Enfin, un certain nombre d'officiers d'artillerie et du train viennent s'y perfectionner dans l'étude du cheval, y apprendre la tactique de la cavalerie, afin de pouvoir servir d'instructeurs dans leurs corps.

Tandis que la cavalerie a une école d'application qui est pour elle ce que Fontainebleau est à l'artillerie et au génie, l'infanterie n'a pas d'établissements de ce genre où ses officiers puissent compléter leur instruction technique. A la science hippique proprement dite Saumur joint d'autres enseignements se rattachant à ce qui intéresse le cavalier ; c'est d'abord une division d'aides vétérinaires stagiaires qui viennent y compléter leurs études au sortir d'Alfort, c'est une école de maréchalerie et un atelier d'arçonnerie, c'est une école de télégraphie, c'est aussi et surtout une école de sous-officiers élèves-officiers de la cavalerie.

De même que l'infanterie a Saint-Maixent et Versailles pour le recrutement de ses officiers pris dans le rang, la cavalerie a, à Saumur, une division spéciale. Chose curieuse, il y a moins d'antagonisme dans la cavalerie entre officiers d'origine diverse qu'il n'y en a dans l'infanterie. Cela, je crois, tient un peu à ce que beaucoup de sous-lieutenants sortis du rang sont des fils de familles riches ou aristocratiques qui, n'ayant pas assez travaillé pour aller à Saint-Cyr, se sont engagés et ont filé directement à l'École de sous-officiers.

La création de cours spéciaux à Saumur est postérieure à l'organisation du camp d'Avor; au début même de leur création, ils duraient dix-huit mois, étaient divisés en trois semestres donnant lieu chacun à un classement à la suite duquel les élèves ayant obtenu la note bien étaient nommés de suite officiers, tandis que les autres, rentrant à leur corps, y attendaient leur promotion. Quand Saint-Maixent fut créé, la durée des cours de Saumur fut réduite à un an et le programme d'enseignement théorique y fut accrû. Actuellement, pour y entrer, il faut avoir deux ans de grade de sous-officier, être proposé à l'inspection générale et prendre part à un concours annuel. La proposition de l'inspecteur est subordonnée à une condition dont l'exigence n'a trouvé que des bravos : nul ne peut être proposé s'il ne justifie d'une instruction générale suffisante par la production du diplôme complet de bachelier ès-lettres ou ès-sciences, de celui de l'enseignement spécial ou, à défaut, d'un certificat obtenu à la suite d'un examen écrit ayant valu au candidat la cote minina 13 sur 20.

Il y a là, on le voit, une grande amélioration; ces conditions ne sont pas exigées à Saint-Maixent, le nombre considérable d'élèves reçus chaque année à cette école ne permettant pas d'espérer un concours suffisant. De la sorte, si le programme est appliqué rigoureusement, le niveau respectif des deux origines sera l'inverse dans l'infanterie et dans la cavalerie. Les officiers sortant de Saint-Cyr et entrés dans la première sont, généralement, bien supérieurs à ceux classés dans la seconde ; au contraire, les élèves de Saint-Maixent seront moins instruits que ceux de l'école de sous-officiers de Saumur et, par suite, les officiers sortis du rang provenant de celle-ci seront plus forts que ceux originaires de celle-là,

Malheureusement, la décision qui a arrêté ces dispositions que l'on ne peut qu'approuver, a ouvert des échappatoires au favoritisme qui, certainement, règne dans la cavalerie plus que partout ailleurs. D'abord, il est spécifié que les sous-officiers que des événements de guerre ou le séjour aux colonies empêcheront de justifier d'une instruction suffisante pourront être proposés d'office; en second lieu, chose plus grave et absolument en opposition avec la règle actuelle qui veut que, dans toutes les armes combattantes, on ne puisse être, promu sous-lieutenant qu'au sortir d'une école, les maréchaux-des-logis rengagés faisant, preuve d'aptitudes spéciales pour la comptabilité, pourront être nommés aux emplois d'adjoint au trésorier sans passer par Saumur.

Il y a là une porte entre-bâillée par laquelle se faufileront, à la faveur de leur nom, les titres de noblesse n'ayant jamais été plus considérés que par le temps de République que nous traversons, tous les crétins illustres aussi incapables d'aller à Saumur qu'à Saint-Cyr et à qui leurs nobles familles voudront assurer une carrière honorable, sinon honorée par eux, et ménager un riche mariage. Exemple :

Quelques mois avant l'expédition du Tonkin, le jeune comte de X.., dont la famille est actuellement représentée à l'extrême droite d'une de nos Chambres et que sa parfaite ignorance avait obligé à renoncer à Saint-Cyr et à craindre Saumur, s'engagea dans un régiment de cavalerie légère après avoir mangé ses revenus et entamé sérieusement son capital à festoyer joyeusement. Six mois après son arrivée au corps il était naturellement brigadier et même, bien qu'il n'eût jamais paru dans le bureau du maréchal-des-logis chef, brigadier fourrier. Son escadron ayant été envoyé en Tunisie, il y partit avec lui, fut promu sous-officier quelque temps après, bien qu'il n'y eût d'autres titres que d'avoir fait la noce et pas mal de dettes dans les diverses garnisons où il avait séjourné. Sur ces entrefaites, l'expédition du Tonkin est entreprise, notre jeune gentilhomme, recommandé aux bons soins d'un général ami qui allait y exercer un commandement, est nommé sous-lieutenant quelques jours après son arrivée et, six semaines plus tard, décoré pour faits de guerre et proposé pour une croix du Cambodge quelconque qui le rattrape en France, trois mois après, en congé de convalescence. A l'heure actuelle, le comte de X... est sous-lieutenant de hussards ou de chasseurs dans un trou d'Algérie, il passe son temps à y *épater* la population civile et militaire en inaugurant des modes nouvelles ou en modifiant l'équipement pour le rendre plus seyant. J'ignore si c'est lui ou l'un de ses congénères qui inventa le sabre pour visites se composant d'une poignée soudée à un fourreau et n'ayant pas de lame.

Les individus de cet acabit ne sont malheureusement pas rares dans la cavalerie ; à cela, on répondra que quand il s'est agi de faire son devoir les officiers de cette armée n'ont pas été les derniers, au contraire. Belle réponse ! quel est le soldat, quel est le Français qui ne fait pas ce qu'il doit à l'heure du danger? Tous les officiers français sont courageux; mais cela ne suffit plus maintenant, nous l'avons déjà dit.

Donc, prenons garde aux échappatoires ! Que tout sous-officier, dans la cavalerie comme dans l'infanterie, fasse son année à l'École, y apprenne à la fois la manœuvre du cheval et les diverses connaissances techniques qui concernent son arme et que nul, à la sortie, ne soit envoyé comme sous-lieutenant dans un régiment sans avoir justifié qu'il en peut remplir les fonctions. C'était l'ancienne méthode, c'était la bonne.

« La difficulté de la cavalerie est de trois sortes, a dit le commandant Longuet : difficulté de la former, difficulté de la conduire, difficulté de la faire durer; chacune exige des qualités spéciales. » Il est bien évident qu'elles ne s'acquerront pas en menant un cotillon ou en faisant pirouetter un cheval sur un hippodrome.

Le train des équipages est assez difficile à classer. Comme recrutement, il appartient à la cavalerie, d'autant plus que, comme nous l'avons vu,

Saumur sert d'école à ses officiers instructeurs ; cependant ses sous-lieutenants sont préparés à l'École des sous-officiers de l'artillerie et du génie de Versailles dont nous parlerons dans le chapitre suivant et où ils constituent une division spéciale. L'aristocratique cavalerie jette un regard de dédain sur ces « hussards à quatre roues » si précieux en campagne. Cependant, beaucoup de ses officiers y sont passés autrefois. Actuellement, les officiers du train sont recrutés parmi les sous-officiers de cette arme ayant deux ans de grade, admis à l'école de Versailles, y suivant des cours pendant un an et passant un examen de sortie.

VI

Comment on devient officier d'artillerie ou du génie. — Polytechnique. — Solidarité et égoïsme. — Fontainebleau. — Tuons la poule aux œufs d'or. — L'école des sous-officiers d'artillerie et du génie à Versailles. — Les capitaines de vingt-trois ans. — Égalité !

Paris a ses incidents réguliers, périodiques ; décembre et janvier voient les bals de l'Opéra, mai l'ouverture des concerts des Champs-Élysées, juin le Grand-Prix, juillet le monôme des candidats à Polytechnique.

C'est ainsi que ces graves mathématiciens, appelés à devenir officiers d'artillerie ou du génie, ingénieurs ou industriels savantissimes, commencent leur existence publique. Il n'est pas un Parisien qui ne les ait rencontrés en file indienne de la place du Panthéon à la *mère Moreau* en passant par le Parvis Notre-Dame, le *boul' Mich'*, le Pont-Neuf, avec arrêt obligatoire et *laïus* non moins obligatoire au pied de la statue d'Henri IV, le jour de l'ouverture du concours d'admission.

Depuis quelques années, la queue du monôme s'allonge d'une façon effroyable. Paris présente à lui seul plus de la moitié des candidats; or, le nombre en augmente considérablement à chaque session. En 1880, on en comptait huit cents ; en 1886 ils étaient juste le double; deux cent cinquante sont reçus : combien pensez-vous qu'il y en ait, sur ce nombre, qui soient résolus à embrasser la carrière militaire ? En disant la moitié nous sommes certainement au-dessus de la vérité ; la plupart des élus aspirent à la *botte*, c'est-à-dire aux emplois d'ingénieurs dans les divers services de l'État, attribués aux premiers sortis.

Polytechnique, complétée par Fontainebleau,

prépare des officiers d'artillerie et du génie pour les armées de terre et de mer; l'École des sous-officiers de Versailles en forme également.

« Il existe, dit M. Lehautcourt, dans l'un des grands pays de l'Europe, une école destinée à former une bonne partie des officiers de l'armée et qui présente un singulier caractère. C'est une école militaire, puisqu'elle dépend du Ministre de la Guerre; mais c'est aussi un établissement civil d'instruction supérieure puisque ses élèves ne sont en rien liés au service de l'État. Elle fournit, il est vrai, des sous-lieutenants, mais ses meilleurs élèves n'ont pas d'autre but que d'échapper au service militaire et d'obtenir, dans les carrières civiles, des positions beaucoup mieux rétribuées et plus avantageuses sous tous les rapports que celles à leur disposition dans l'armée. On a, sans doute, reconnu l'École Polytechnique aux traits qui précèdent. »

Contrairement à ce qui se fait pour Saint-Cyr, l'élève de Polytechnique reçu à cette école n'a aucun engagement à contracter ; il n'est nullement lié au service militaire. Tandis que le Saint-Cyrien mène pendant deux ans la vie du soldat, faisant lui-même ses corvées, son lit, astiquant ses armes, astreint à la discipline militaire, devant le salut à tous les gradés de l'armée et sévèrement puni quand il lui arrive de l'oublier, le Polytechnicien galonné d'or passe à côté d'un officier, le salue si ça lui plaît, et généralement ne salue que ses anciens c'est-à-dire les artilleurs et les sapeurs.

Fondée par la Convention qui en voulait faire une école centrale des travaux publics, Polytechnique fut militarisée par Napoléon qui en fit la pépinière des officiers destinés aux armes savantes. Depuis, cette destination a été maintenue et, actuellement, il n'y a qu'une infime minorité d'élèves qui soient classés dans les services civils, un cinquième de l'effectif environ.

Les études nécessaires pour entrer à Polytechnique ne sont pas les mêmes que pour Saint-Cyr : pour celle-ci, il suffit de connaître les mathématiques élémentaires mais il faut posséder des connaissances d'histoire et de géographie fort étendues ; pour celle-là deux années d'études des mathémathiques spéciales sont généralement indispensables. On y entre à la suite d'un concours annuel auquel sont admis les jeunes gens âgés de seize ans au moins et de vingt ans au plus, ayant un diplôme de bachelier (ès-lettres, ès-sciences ou de l'enseignement spécial). Les épreuves comprennent des examens écrits et oraux éliminatoires puis une seconde série d'interrogations déterminant le rang d'admission.

La durée des cours est de deux ans, chaque année constitue une division distincte : *anciens* et *conscrits* comme à Saint-Cyr. L'école, commandée par un général, a pour professeurs des officiers d'artillerie, du génie, des ingénieurs des divers services se recrutant à l'école, des civils généralement membres de l'Institut. Chaque année deux séries d'examens sont passées et déterminent un classement après lequel les premiers de chaque promotion reçoivent les galons de sergent-major, sergent-fourrier et sergent. Ces grades les investissent d'un droit de surveillance sur chacune des études entre lesquelles ils sont répartis conjointement avec leurs camarades.

A la fin de la seconde année, les élèves désignent, d'après le classement de sortie, l'arme ou le service civil dans lequel ils désirent entrer. Il est fait droit à leurs demandes jusqu'à concurrence du quantum déterminé annuellement par le ministre pour chacun d'eux. Outre l'artillerie et le génie de terre et de mer, l'école Polytechnique recrute encore pour la marine : des enseignes de vaisseau, des ingénieurs hydrographes, des aides-commissaires ; de plus, dans le cas où le nombre de places dans l'ensemble de ces armes serait inférieur à celui des élèves à classer, ils peuvent être affectés comme sous-lieutenants à des corps d'infanterie ou de cavalerie — ce cas s'est présenté en 1886 — ou reçus à l'École forestière.

L'École Polytechnique est, par excellence, un foyer de tradition et une école de solidarité. Toujours ils ont été les premiers à propager les idées libérales; toujours ils ont pris part aux manifestations patriotiques ou politiques dont les élèves de Saint-Cyr, plus militaires et plus disciplinés, se sont abstenus. Aussi, l'École passe-t-elle auprès de bien des gens pour être infestée d'un levain d'indiscipline; en tous cas, il faut reconnaître que ces élèves ont plus d'esprit d'initiative que leurs camarades.

En 1814, on les trouve à la barrière du Trône, organisés en compagnies d'artillerie, chargés de défendre cette entrée de la capitale contre les alliés.

« En avant de la barrière du Trône, dit Thiers, se trouvait une batterie servie par des vétérans et des élèves de l'École Polytechnique, que Marmont, exclusivement occupé du côté de Romainville avait laissé sans appui. Cette batterie s'étant engagée trop avant sur l'avenue de Vincennes, afin de tirer sur la cavalerie de Palhen, fut entourée par quelques escadrons qui, passant par Saint-Mandé, vinrent la prendre à revers. Les braves élèves, sabrés sur leurs pièces, résistèrent vaillamment et furent heureusement secourus par la garde nationale.» Dix-neuf élèves furent blessés et six faits prisonniers.

De tout temps, à Polytechnique comme à Saint-Cyr, les brimades furent en honneur ; à maintes reprises, à la suite d'excès ou d'accidents graves l'autorité militaire voulut réagir, chaque fois son action n'eut pour effet que d'occasionner des révoltes suivies du licenciement et de la réorganisation de l'École.

En 1830, les Polytechniciens se trouvèrent tout disposés à accueillir favorablement le mouvement révolutionnaire. Licenciés dès les premiers jours, ils prirent une part fort active à l'émeute; leur uniforme, sympathique aux Parisiens, devint un signe de ralliement et de commandement; plusieurs d'entre eux, parmi lesquels Vanneau qui y périt, furent blessés aux barricades, Louis-Philippe en reconnaissance de la part qu'ils avaient prise à son avénement, voulut en décorer douze ; ils refusèrent et demandèrent pour toute récompense qu'une pension fût accordée au père de leur camarade Vanneau, mais celui-ci ne voulut pas accepter.

A chaque pas, dans l'histoire de Polytechnique, on rencontre des révoltes ou des manifestations : un élève, pour une cause quelconque, juste au injuste, vient-il à être puni ou renvoyé, immédiatement une députation précédée des majors de promotions se rend auprès du général commandant, réclame au nom de la solidarité qui les unit et déclare vouloir se retirer si la punition ou le renvoi est maintenu. Hâtons-nous de dire que depuis 1870 de sérieuses modifications ont été apportées à cette manière de faire et que la fermeté des généraux commandants et des ministres a eu raison de ces ridicules manifestations. Actuellement, lorsqu'un élève est puni pour ses camarades, à l'occasion d'un *chahut* quelconque, la solidarité de ceux-ci se manifeste d'une façon moins bruyante et plus pratique et sous une forme plus agréable et moins dangereuse; exemple : Il est de tradition à l'École que, chaque année, le premier jeudi qui suit la rentrée — le menu du jeudi comprend toujours du poulet — les *anciens* volent aux *conscrits* leurs volailles. Depuis fort longtemps les choses se passaient régulièrement ainsi sans avoir jamais entraîné l'intervention de l'autorité, quand, à la dernière rentrée, le général se résolut à mettre le holà !

Deux élèves des anciens, pris sur le fait, furent donc punis de quinze jours de prison qu'ils allèrent faire au Cherche-Midi : c'est ici que commence le rôle de la camaraderie. Tous les jours, un garçon de l'école porte aux punis leur nourriture avec une note du général à l'adresse du commandant de la prison, note contenant le menu des repas. Les élèves lui graissent la patte et, à l'aide de leur caisse de secours formée de cotisations hebdomadaires, assurent vingt francs par jour à chacun des détenus, moyennant lesquels le garçon passe dans un grand restaurant du quartier, fait faire par le Vatel de la maison un menu identique à celui de l'École, mais bien plus soigné comme exécution, et le porte, en compagnie d'une bouteille de bon vin, aux malheureux prisonniers qui se consolent ainsi de leur captivité.

Les deux années de Polytechnique abondent en semblables traditions; cependant, comme à Saint-Cyr, elles tendent à disparaître d'année en année pour ne laisser subsister que celles qui ont une utilité réelle comme l'Association amicale dont la fondation est déjà fort ancienne. Malheureusement, si les Polytechniciens se soutiennent entre eux d'un bout à l'autre de leur carrière, ils constituent dans l'armée comme dans les services publics une caste aristocratique et exclusiviste. Nous l'avons déjà dit, au temps peu éloigné — il n'y a pas un an — où existaient encore les comités de classement d'artillerie et du génie, jamais — sauf pour les individualités tout à fait marquantes que l'opinion publique leur imposait — jamais ces comités ne consentaient à proposer pour les grades supérieurs des officiers sortis du rang.

L'opposition qu'ils firent à la création de l'École de Versailles en est encore une manifestation; ils invoquèrent contre elle la nécessité de donner aux officiers des armes savantes une instruction scientifique élevée; cependant, en Allemagne, le recrutement de ces officiers — qui valent assurément les nôtres — se fait à l'aide d'une École d'application semblable à celle de Fontainebleau où ils reçoivent les leçons nécessaires à leur service particulier après avoir suivi les mêmes cours que leurs camarades des autres armes dans les Écoles de Guerre.

Si les Polytechniciens, les X, comme ils se nomment entre eux, se tiennent étroitement unis contre les étrangers, ils n'en sont pas moins divisés intérieurement selon qu'ils appartiennent à l'artillerie ou au génie. Dès la seconde année de séjour à l'École, selon que leur goût ou le rang qu'ils occupent leur assigne l'une ou l'autre de ces armes, ils constituent deux groupes distincts toujours en discussion et en opposition : la *sape* et *l'arti*.

Cette division s'accentue encore le jour où, pour la première fois, ils revêtent l'uniforme de l'une ou de l'autre : « Vive la sape! » crient les sous-lieutenants du génie; « Vive l'arti, à bas la sape! » répondent les artilleurs plus agressifs, tout en faisant sonner leur gros sabre et narguant la « spatule curette » — c'est ainsi qu'ils appellent l'épée — de leurs frères ennemis.

L'École d'Application de l'Artillerie et du Génie, à Fontainebleau, reçoit chaque année les élèves sortis de Polytechnique et classés dans l'artillerie de terre et de mer et dans le génie de l'armée de terre : les officiers du génie maritime passent par une école d'application spéciale. La durée des cours de cette école est de deux ans à l'issue desquels les élèves, après avoir passé des examens, sont promus lieutenants et envoyés dans les corps de troupe de leur arme.

A Fontainebleau, bien qu'ils reçoivent la solde de sous-lieutenants et en aient le grade effectif, les élèves sont casernés et vivent en mess sous la surveillance du personnel de l'École dont le commandement appartient à un général d'artillerie ou du génie. Les cours sont tous purement militaires et, naturellement, sont faits, presque tous, sur les diverses sciences qui se rapportent à l'artillerie et à la fortification ; ils sont professés par des officiers supérieurs et des capitaines. La part faite aux exercices et manœuvres, à l'instruction militaire du soldat, à l'équitation et à tous les exercices du corps est très grande : elle ne suffit pas encore. Les gens compétents sont unanimes à reprocher à l'École de Fontainebleau le développement excessif de ses cours théoriques et réclament la réorganisation de Polytechnique en école purement militaire, ce qui permettrait d'abord d'y supprimer certains cours scientifiques et de leur en substituer de techniques et, ensuite, enlèverait à ceux qui y entreraient tout désir et tout espoir d'être classés dans le civil. On pourrait alors développer ce cours si nécessaire à Polytechnique, si regrettable à Fontainebleau, d'art militaire dont un ancien X, M. Leser, dans une de ses chroniques du *Temps* a dit :

« Chaque dimanche matin, les capitaines d'artillerie et du génie qui sont attachés à l'état-major font des conférences sur le réglement en vigueur dans l'armée. L'auditoire les écoute peu; chacun attend impatiemment l'heure de la délivrance... provisoire. Chacun a son petit souci et les capitaines parlent pour les banquettes. Peu leur importe! Ils savent bien que ces mêmes jeunes gens réciteront la théorie l'an prochain et qu'ils s'en acquitteront avec zèle; tous, d'ailleurs, ont grandi derrière les murs de l'École et n'ont pas encore eu le loisir ni le désir d'oublier les années qu'ils y ont passées. »

Le séjour à Fontainebleau est un plaisir pour les jeunes sous-lieutenants qui peuvent chaque dimanche venir promener leur uniforme de la place Saint-Michel au Luxembourg.

Les deux années cependant ne laissent pas d'en être pénibles; tous les jours à cheval, plusieurs fois par semaine manœuvrer le canon, faire une fois par an ces voyages de levés et, pour tout repos, assister à des cours de fortification ou de balistique où, par bonheur, on dort assez tranquillement. Cela n'empêche point les promenades, les parties et, à la fin de chaque année, le *rallye-paper* et le carrousel traditionnels après lesquels on se sépare et l'on est envoyé, sur sa demande, et en suivant l'ordre de classement, dans un régiment d'artillerie, un bataillon d'artillerie de forteresse ou un régiment du génie comme lieutenant en second.

A l'heure actuelle, on tend à la fusion des deux armes; fusion qui, tentée déjà une fois, n'a pas réussi. Cependant, le projet Boulanger la propose sous une forme moins radicale et qui paraît devoir donner de bons résultats. On éviterait ainsi un dualisme qui s'est traduit d'une façon déplorable en maintes circonstances de guerre.

Outre les élèves provenant de Polytechnique, l'École d'Application de Fontainebleau reçoit aussi un certain nombre de sous-lieutenants et lieutenants sortis du rang et passés par l'École des sous-officiers de l'artillerie et du génie.

Cette école est de création toute récente; depuis longtemps on réclamait pour les armes spéciales ce qui existait déjà pour l'infanterie et la cavalerie. Un certain nombre de sous-officiers d'artillerie et du génie passaient sous-lieutenants après proposition de leurs chefs de corps; ils suivaient les cours des écoles réglementaires, avaient certainement une instruction suffisante mais inégale et variant selon les centres d'origine.

La création d'une école de sous-officiers est venue régulariser et améliorer ce recrutement qui apporte dans les deux armes savantes noyées dans la théorie un peu de la pratique et de la connaissance des détails du métier nécessaires aux cadres de tout corps de troupes.

Les sous-officiers des troupes de l'artillerie et du génie ayant deux ans de grade, au moins, et proposés à l'inspection générale prennent part à un concours dont les premiers, jusqu'à concurrence du nombre fixé annuellement pour chaque arme, sont nommés élèves-officiers. Les connaissances exigées comprennent l'arithmétique, l'algèbre, la trigonométrie, la géométrie descriptive, le dessin linéaire, le français, l'instruction militaire spéciale à leur arme. La durée des cours, professés par des civils ou des militaires, est d'un an à l'issue duquel ils passent un examen de sortie et sont envoyés dans un corps d'artillerie ou du génie comme sous-lieutenants.

Il y a lieu de remarquer que ces deux armes sont celles où l'avancement jusqu'au grade de capitaine est le plus rapide et où l'on peut arriver le plus jeune.

Tandis que l'on n'entre à Saint-Cyr qu'à dix-sept ans, on peut être reçu à Polytechnique à seize; le fait est rare, mais il se présente : en 1879, l'élève Guittard fut reçu à seize ans et trois mois : il est actuellement lieutenant d'artillerie de marine depuis 1883.

Celui qui y entre à cet âge, est, quatre ans après, lieutenant en second, il a vingt ans et, s'il appartient au génie, est lieutenant en premier à vingt-et-un ou vingt-deux ans et capitaine à vingt-trois. Dans l'artillerie, c'est un peu plus long; il faut compter cinq ans de grade de lieutenant au lieu de trois; néanmoins, c'est encore raisonnable.

Nous avons dit à propos de Saint-Cyr et Saint-Maixent la division des officiers d'infanterie en deux classes; cette distinction existe plus vive encore dans l'artillerie et le génie : sortir du rang est une tare, une souillure dont on ne se lave jamais.

Le général Boulanger, en tuant « la Poule aux Œufs d'Or » et en obligeant tout le monde à « *sortir du rang* » rendra donc réelle la maxime égalitaire qui règne dans nos livres et sur nos monuments; il démocratisera sainement, et au plus grand profit du pays, les derniers corps restés aristocratiques et exclusivistes.

VII

Comment on devient officier d'administration. — Ronds de cuir et riz-pain-sel. — L'origine d'une réputation. — Un peu d'histoire. — Discipline militaire : un sous-lieutenant a le droit de ne pas saluer un colonel. — Un duel bizarre. — Deux poids et deux mesures : Vincennes et Saint-Maixent. — Les élèves bouchers. — L'honneur et l'argent. — Intendants et contrôleurs. — Mauvaise foi. — La théorie et la pratique. — Une citation.

Si, parmi nos corps d'officiers, il en est un traité injustement, c'est bien celui des officiers d'administration. Le *riz-pain-sel* est dédaigné ; les civils le trouvent trop militaire ; les militaires ne le reconnaissent point comme un des leurs. Ceci a surtout lieu en temps de paix ; en campagne, c'est autre chose, on se serre les coudes; l'utilité de tous devient évidente et l'on tâche de se *mettre bien* avec le comptable de l'ambulance ou l'officier d'approvisionnement du quartier général.

« Vous êtes bien tranquilles, vous autres officiers d'administration, disait à l'un d'eux un commerçant rencontré dans un salon ami; toujours à vos comptes, bien au chaud, vous ne risquez rien. D'ailleurs, vous ne faites pas la campagne, n'est-ce pas?

—Non; au contraire. Ainsi, tenez, j'appartiens au service des hôpitaux; notre effectif total est de quatre cent vingt-cinq, nous avons actuellement cent trente des nôtres en Algérie, ou Tunisie et trente-cinq au Tonkin, sur lesquels six sont morts.

— Diable ! Mais alors vous avez donc un service actif? On m'avait dit que votre seule occupation était de tenir la comptabilité militaire ! »

C'est en effet la croyance générale; il faut se détromper. Le métier d'officier d'administration est très complexe; il exige des connaissances spéciales développées, une instruction technique et une expérience longues à acquérir. Nourrir les troupes, recueillir et soigner les blessés et malades, vêtir le soldat des pieds à la tête, lui fournir des abris en campagne, des instruments de toutes sortes, pourvoir au harnachement de la cavalerie, vérifier et contrôler les dépenses générales de tous les services de la guerre, telles sont les principales fonctions de ces riz-pain-sel tant dédaignés.

« D'où provient donc ce dédain, dira-t-on ; il n'y a pas de fumée sans feu ! » En effet, la cause, la voici ; elle est fort ancienne.

Autrefois, sous la monarchie, les services auxiliaires de l'armée étaient assurés par des entrepreneurs. Les uns étaient chargés des vivres; les autres avaient les fourrages; ceux-ci prenaient à un taux fixe et déterminé l'adjudication du service des hôpitaux : moyennant un prix de journée uniforme, ils s'engageaient à recevoir, entretenir et soigner dans des hospices les soldats malades. Naturellement, ils s'efforçaient de diminuer leurs frais en réduisant le plus possible les distributions de médicaments et de vivres tout en conservant aussi longtemps qu'ils le pouvaient les malades qu'on leur envoyait. Souvent même, des soldats morts et enterrés depuis plusieurs jours figuraient encore sur les états de présence.

Les munitionnaires chargés du service des subsistances n'étaient que des intermédiaires entre les officiers nobles et la troupe. Celle-ci recevait rarement ce à quoi elle avait droit ; la qualité des vivres était tout à fait inférieure, la quantité allouée considérablement réduite : les soldats maraudaient, les colonels et les munitionnaires partageaient le bénéfice. Ces scandales se renouvelèrent chaque fois que l'on voulut revenir à ce système ; en 1823, par exemple, pendant la guerre d'Espagne, le munitionnaire Ouvrard réalisa, au détriment de l'estomac des troupes et à son plus grand avantage, une fortune scandaleuse qui souleva des tempêtes au sein des Chambres. Tous ces faits, on le comprend, n'étaient point de nature à gagner la sympathie des combattants aux entrepreneurs et à leurs agents; d'autant plus que, ceux-ci étant complétement à la discrétion du munitionnaire qui pouvait les renvoyer du jour au lendemain, s'empressaient de mettre à profit le temps qu'ils passaient à son service pour s'emplir les poches de leur mieux.

Bien qu'au commencement de ce siècle, la surveillance plus grande et le développement des sentiments honnêtes dû aux idées nouvelles, eussent amélioré le fonctionnement de ces services, il y avait encore beaucoup à en dire ; l'intérêt des malades fut celui qui intervint le premier et fit décider la militarisation des agents administratifs du service des hôpitaux, déjà organisés hiérarchiquement, à la solde de l'État et sous sa surveillance, depuis plusieurs années.

Le service de santé fut alors constitué par la création d'un corps double comprenant, d'une part, des médecins et pharmaciens, de l'autre, des officiers d'administration des hôpitaux.

A l'origine, ceux-ci furent pris parmi les anciens agents civils de l'entreprise qui, selon la situation qu'ils occupaient dans la régie, reçurent des grades formant une hiérarchie spéciale, non assimilée : il en était de même des médecins.

Quelques années plus tard les agents des vivres et ceux du campement; puis, quinze ans après, ceux des bureaux de l'Intendance furent militarisés de la même façon et constituèrent les services administratifs de l'armée comprenant quatre branches : Hôpitaux, Subsistances, Habillement et Campement, Bureaux de l'Intendance.

Ces personnels furent, dès lors, en possession d'une situation étrange dont la bizarrerie n'a fait que s'accroître de plus en plus, à mesure que ceux qui la partageaient avec eux : les médecins, les vétérinaires, les pharmaciens, en sont sortis.

Les officiers d'administration des quatre services, dit la loi, ont rang d'officier; ils ont une hiérarchie qui comprend des officiers adjoints et des officiers comptables de 1re et de 2e classe, des officiers principaux ; mais ces grades leur sont spéciaux et n'ont aucune assimilation avec ceux des autres armes. Cette situation, qui date de 1824, n'a pas encore été modifiée ou, plutôt, n'a fait que s'aggraver. A tel point qu'une décision ministérielle récente a rappelé que les officiers d'administration ne devaient le salut qu'aux généraux et intendants ; et que, « n'étant ni les supérieurs, ni les égaux, ni les inférieurs des autres officiers, ils n'avaient point droit à leur salut et n'y étaient point tenus envers eux. »

Qu'est-il arrivé, qu'arrivera-t-il encore ?

C'est qu'à Constantine, en 1883, par exemple, un jeune médecin aide-major de 2e classe, attaché à l'hôpital, ayant rang de sous-lieutenant, et âgé de vingt-cinq ou vingt-six ans, étant passé sans le saluer devant l'officier d'administration principal de l'établissement, qui avait rang d'officier supérieur, était officier de la Légion d'Honneur et comptait trente ans de services passés, celui-ci se plaignit mais le général commandant la Place ne put infliger de punition : il est vrai que l'aide-major fut traité de grossier personnage par ses camarades et que ce manque d'égards n'aidera très probablement pas à son avancement ultérieur.

Qu'est-il encore arrivé? Un jour, au café, un capitaine ayant formulé des appréciations plus ou moins agréables sur les officiers d'administration, un de ceux-ci, adjoint de 2e classe — grade qui, par la solde, équivaut à celui de sous-lieutenant — se leva, souffleta le capitaine, se battit en duel avec lui et le blessa. On se demande jusqu'où cela peut mener et si c'est un bon moyen de discipline et un encouragement à la solidarité militaire que ce système qui permet à deux officiers, tous deux méritants, de ne pas se saluer et d'échanger leurs cartes, au mépris des différences de grade et d'âge.

L'opposition de l'armée combattante à recevoir dans son sein cette classe d'officiers, décroît cependant chaque jour. L'élément jeune de l'une et de l'autre fraternise beaucoup, cela tient évidemment à la marche de l'instruction générale dont, depuis dix ans, le niveau s'est élevé dans les services administratifs comme dans la masse de la population.

Tous les officiers d'administration sortent du rang; voilà leur tare. Si, cependant, on veut bien prendre garde que, parmi les sous-lieutenants d'infanterie, il y a annuellement, depuis plusieurs années, 500 élèves de Saint-Maixent pour 250 de Saint-Cyr, on reconnaîtra que l'infanterie a bien tort de tant mépriser l'administration.

Voici deux sous-officiers appartenant à un corps quelconque : infanterie, cavalerie, artillerie, section d'infirmiers. L'un se destinant aux armes combattantes, va à l'une des écoles de sous-officiers dont nous avons parlé; l'autre veut devenir officier d'administration; que fait-il?

Proposé à l'inspection générale, comme son camarade, il prend part à un concours annuel portant sur un programme identique à celui de Saint-Maixent : Dictée, arithmétique et algèbre, histoire et géographie, administration remplaçant la topographie. A la suite de ce concours, qui, bien que très élémentaire, est encore assez sérieux, vu la proportion du nombre des élus à celui des appelés : 120 sur 350 en 1883, le candidat reçu prend le titre de sous-officier stagiaire et vient passer un an à l'École d'administration militaire sise à Vincennes. Après une année très pénible, excessivement chargée d'études ardues, le stagiaire sort, après force interrogations pendant l'année, et deux examens généraux à Pâques et à la fin des cours, le stagiaire sort avec le grade d'adjudant-élève qu'il a la perspective de conserver trois ou quatre ans avant d'être promu officier. A Saint-Maixent, au contraire, on se le rappelle, les élèves sont nommés sous-lieutenants en sortant. Or, il y a une comparaison bien facile à établir ; plusieurs adjudants-élèves d'administration, après avoir passé un an à Vincennes voyant qu'ils avaient encore longtemps à attendre avant d'être promus, sont allés à Saint-Maixent et en sont sortis officiers ; tous sont unanimes à dire que si l'on est nommé sous-lieutenant après une année passée à Saint-Maixent, on devrait être lieutenant à la fin des cours de Vincennes.

On se rendra compte du travail exigé dans cette école par la nomenclature des cours qui y sont professés : Administration générale et Législation militaire, Subsistances, Hôpitaux, Habillement et Campement, Mécanique pratique, Botanique. Et, nous le répétons, il ne s'agit pas là seulement d'un cours de comptabilité; on y enseigne le fonctionnement complet des services; la fabrication du pain, les procédés de mouture, la conservation des denrées de toutes sortes; la fabrication des draps, des vêtements, l'emploi des matières premières, la reconnaissance de leur qualité. Ces cours eux-mêmes exigent des auditeurs une somme de connaissances mathématiques, physiques et chimiques bien supérieures à celle demandée à Saint-Maixent ou à Saumur.

D'ailleurs, sur une promotion de 120 élèves en 1883-1884, l'École d'administration comptait une proportion de 70 pour cent de diplômés. Outre les cours qui leur sont enseignés, les élèves de l'École d'administration visitent les principaux établissements militaires de Paris et tous ceux qui peuvent contribuer à accroître leurs connaissances. Les Parisiens, à qui ne dit rien leur modeste tenue de sergents de troupe d'administration avec, pour tout insigne, le pompon blanc et les étoiles blanches au collet, sont stupéfaits de voir défiler cette compagnie de sous-officiers et, chaque année, quand ils sont conduits au concours agricole pour y étudier les races diverses et y expérimenter les procédés de détermination approximative du poids des bestiaux, ils causent au Palais de l'Industrie un profond étonnement dans le public qui ne sait s'il a affaire à des élèves-bouchers ou à des apprentis vétérinaires.

Autrefois, la carrière de l'officier d'administration était limitée au grade d'officier principal dont la situation, au point de vue de la retraite, équivaut à celle de lieutenant-colonel; à cette époque, en compensation de l'exiguité de la carrière, ceux de ces officiers qui avaient la direction, qui étaient *comptables* d'un établissement, touchaient des indemnités spéciales dites : *primes de gestion* dont le montant, fixé uniformément pour les services des hôpitaux et de l'habillement, variait, d'après un taux déterminé, au prorata de l'importance de la fabrication ou des livraisons pour le service des subsistances. Certains comptables touchaient alors jusqu'à quarante et cinquante mille francs, par an. En revanche, ils fournissaient à l'État un cautionnement variant selon l'importance de l'établissement de quinze cents francs à deux cent mille francs, cautionnement destiné à répondre des avaries ou des pertes que pouvaient éprouver les denrées ou matières qui leur étaient confiées.

En 1882, on fit espérer aux officiers d'administration qui, depuis longtemps, la réclamaient à cors et à cris, l'assimilation; on leur supprima leurs primes et, ceci fait, on la leur refusa. La seule compensation qu'ils obtinrent fut de pouvoir concourir pour entrer dans le corps de l'Intendance.

L'Intendance est l'état-major de l'administration militaire.

Le public comprend indistinctement sous ce nom tous ceux qui ont un rôle à jouer dans la satisfaction des besoins généraux de l'armée; mais, c'est à tort, l'Intendance et les services administratifs constituent deux corps très spéciaux, très distincts, sinon quant aux fonctions qui, pratiquement, se confondent en bien des points, du moins quant au prestige et aux honneurs.

Tous nos lecteurs connaissent certainement le moyen qu'employaient les capitaines de compagnie sous l'ancien régime pour accroître leurs profits : le roi leur payait une solde fixée à tant par jour et par homme, d'après l'effectif que devait compter leur troupe, et, avec cette solde, ils devaient assurer le recrutement de leur compagnie, entretenir, habiller, équiper, et même, jusqu'au XVII⁰ siècle, armer ceux qui la composaient. Beaucoup ds ces officiers trouvaient tout naturel de porter leurs cadres comme complets et de n'en avoir, réellement présente, qu'une partie aussi minime que possible. Il arriva par ce fait que, dans certaines batailles où l'on croyait pouvoir compter sur cinquante mille hommes on n'en réunit que quinze ou vingt mille, ce qui, naturellement, causa des déceptions et de graves échecs.

Pour tâcher d'empêcher ces abus, on créa des commissaires de guerres qui eurent pour principale mission de passer des *revues d'effectif* et de s'assurer ainsi *de visu* de la présence réelle des hommes portés comme présents sur les rôles des compagnies. Des désordres considérables furent ainsi révélés; certains capitaines furent sévèrement punis, quelques-uns complétèrent leurs effectifs, la plupart se contentèrent de recourir à des *passe-volants* quand un commissaire venait les surprendre.

« Ces passe-volants, dit M. Camille Rousset,

étaient, le plus souvent, des valets d'officiers, des marchands suivant les troupes ou des gens sans aveu à qui l'on mettait, pour la revue du commissaire, l'épée au côté, le mousquet sur l'épaule; il n'y avait pas à s'inquiéter de l'uniforme qui n'existait pas encore. D'autres fois, c'étaient de vrais soldats que les capitaines se prêtaient obligeamment et réciproquement les uns aux autres….

« D'ailleurs, à certaines époques, la mode était aux passe-volants; on ne s'en cachait pas, on s'en faisait fête; les plus habiles étaient admirés; c'était à qui, parmi la plus fière et la plus noble jeunesse, leur servirait de complice. »

Le corps des commissaires, on le voit, avait besoin d'une grande autorité et d'une indépendance absolue; aussi ne recevait-il d'ordres que du roi et se recrutait-il non dans la noblesse mais dans la bourgeoisie et la magistrature principalement. Jusqu'à la Révolution qui supprima la vénalité de toutes charges, les postes de commissaires constituaient des offices dont la finance atteignit 70 et même 120,000 livres. Généralement, les enfants ou neveux succédaient à leurs parents avec l'assentiment royal.

La Révolution militarisa le commissariat qui, après diverses fluctuations, fut réorganisé à la Restauration sous le titre de Corps de l'Intendance Militaire, recruté uniquement par la base au moyen d'élèves, bacheliers ès-lettres, gradués en droit et parlant une langue étrangère.

« L'institution administrative de l'Intendance en 1817, était la bonne, » dit Caron ; c'est pour cela qu'elle ne dura pas.

Bientôt en effet fut mis en vigueur un système de recrutement très propre assurément à former un brillant état-major mais manquant complétement de la pratique et des connaissances techniques nécessaires à des gens qui ont à s'occuper de questions multiples, terre à terre, et cependant d'une importance capitale. C'est cette organisation qui fonctionne encore actuellement, sauf, cependant, cette amélioration, encore à l'état virtuel, que les officiers d'administration n'en sont plus exclus.

Le corps de l'Intendance comporte des officiers assimilés à ceux des corps de troupe depuis le grade d'adjoint à l'Intendance (capitaine) jusqu'à celui d'intendant général (général de division); ce dernier grade est supprimé en principe. L'accès dans le corps est réservé aux capitaines de toutes armes et officiers d'administration qui, remplissant des conditions d'aptitude générale déterminées, sont reçus à un concours annuel jusqu'à concurrence du nombre fixé par le ministre. Les matières de ce concours comprennent la connaissance des lois constitutives de l'armée, des règlements fondamentaux des divers services et des données théoriques assez étendues sur leur fonctionnement. En outre, la possession de certaines parties de la science juridique nécessaires aux rôles divers que sont appelés à remplir les intendants : droit administratif et commercial en particulier.

Le recrutement pour les grades de sous-intendant militaire de 3ᵉ et de 2ᵉ classe est assuré partie par la base, partie latéralement par des concours ouverts aux officiers supérieurs de l'armée.

Quant aux sous-intendants militaires de 1ʳᵉ classe et aux intendants, ils sont choisis exclusivement dans le degré immédiatement inférieur de la hiérarchie.

Comme nous le disions tout à l'heure, ce n'est que depuis fort peu de temps — mars 1882 — que les officiers d'administration sont admis dans l'Intendance. Il eût semblé naturel de leur en faciliter l'accès préférablement aux autres officiers en tenant compte des connaissances pratiques qu'une expérience de quinze ou vingt ans, au contact journalier du service, leur a fait acquérir, et ce, même au détriment de l'instruction générale; il n'en a rien été. Ce n'est qu'à leur corps défendant que les fonctionnaires de l'Intendance subissent depuis quatre ans — comme une injure — l'immixtion des officiers d'administration parmi eux. Ils font le possible et même l'impossible pour la rendre illusoire; ils ne reculent devant aucun moyen et usent de l'omnipotence dont ils jouissent dans la commission du concours d'entrée pour exclure avec une mauvaise foi qu'ils ne dissimulent pas les candidats des services administratifs les plus forts et les mieux préparés. A tel point, qu'en 1885 ils ont refusé, *pour insuffisance en équitation*, un officier d'administration professeur à l'École de Vincennes dont les réponses à l'examen avaient émerveillé ses concurrents et qui avait été classé le premier à l'écrit. La persévérance et la force de volonté du candidat ont triomphé, en 1886, du mauvais vouloir des examinateurs ; après avoir perfectionné ses connaissances équestres, il s'est représenté et a été classé: c'est le troisième qui réussisse à forcer les portes du cénacle.

De tous les corps de l'armée, l'Intendance est restée le plus aristocratique et le plus fermé ; composé presque exclusivement d'anciens élèves des écoles, il compte en majorité d'anciens capitaines d'artillerie ou du génie. L'avancement, un peu enrayé maintenant, était en effet, il y a à peine quatre ans, vraiment merveilleux. Un officier du génie, capitaine à vingt-six ou vingt-sept ans comme ils le sont tous quand ils sortent de Polytechnique, concourait pour l'Intendance, était nommé adjoint et, deux ans après, jour pour jour, se voyait promu sous-intendant de 3ᵉ classe, c'est-à-dire commandant, tandis que ses anciens collègues restés au corps mettaient quinze ou seize ans à conquérir ce même grade. Il n'est pas rare de trouver, parmi les fonctionnaires de ce corps, des lieutenants-colonels et colonels de trente-cinq et quarante ans tandis que les heureux, dans l'armée, n'arrivent à ces grades que vers la cinquantaine.

Le projet de loi du général Boulanger, rétablissant la péréquation des grades, va les mettre à ce point de vue dans la même situation que leurs collègues des corps combattants. Peut-être, alors, se résoudront-ils à ouvrir largement la porte de l'Intendance au seul mérite ; l'intrusion parmi eux des officiers d'administration ne sera pas plus déshonorante que celle d'un ancien soldat dans le cadre des généraux de division. D'ailleurs, s'il est un corps où, depuis dix ans surtout, le mérite et le travail soient à l'ordre du jour, c'est celui dont nous plaidons la cause. Dans les seuls grades correspondant à ceux de lieutenant et de sous-lieutenant on cite plus de quarante licenciés et deux ou trois docteurs en droit, sans compter quelques licenciés ès-sciences. Ces *gens*-là, réunissant l'instruction à la pratique, me semblent bien mieux préparés qu'un capitaine — même sortant de Polytechnique — pour rendre dans l'Intendance des services immédiats.

Nous avons dit plus haut que la suppression des intendants généraux était décidée en principe. Cette mesure a été prise à la suite de la création du corps du contrôle de l'administration de l'armée.

L'administration militaire est actuellement divisée en trois parties : la gestion ou exécution des services administratifs confiée aux comptables ; la direction de ces services appartenant à l'Intendance; le contrôle dévolu à un corps spécial de nouvelle création, le corps du Contrôle. Cette division fort simple sur le papier, est, dans la pratique, autrement complexe; gestion et direction, en effet, se confondent en bien des points, une grande partie de celle-ci, en réalité, est exercée par le comptable, tandis que jamais intendant n'intervient dans aucun acte de gestion; mais, passons.

Le Contrôle, lui, a une existence à part. Les contrôleurs ne sont pas assimilés; ils ont cinq échelons dans leur hiérarchie, qui, par leur solde, correspondent — avec une légère supériorité même à chaque degré — aux grades de la hiérarchie générale depuis celui de commandant jusqu'à celui de général de division.

Ne dépendant que du ministre, ils le représentent et lui rendent compte directement des résultats de leurs inspections. Inopinément, sans que rien fasse prévoir leur arrivée, ils se présentent à un colonel, à un directeur d'artillerie, à un chef du génie, au comptable d'un établissement quelconque et vérifient leur comptabilité, leur caisse, examinent les produits de fabrication, la valeur des travaux exécutés.

Ils se recrutent pour les grades inférieurs, parmi les chefs de bataillon et sous-intendants de 3ᵉ classe qui sont admis après concours ; pour les autres grades, parmi les fonctionnaires de leur corps du degré immédiatement inférieur. A l'origine, des officiers supérieurs, des généraux de toutes armes, y ont été admis ; on comprend la valeur d'un corps ainsi composé et les résultats que l'on en peut obtenir.

Charger un officier ayant passé la majeure partie de son existence dans une certaine arme, le génie, par exemple, de vérifier les travaux, d'examiner les devis, la quantité de matières premières employées, est assurément la meilleure manière d'exercer une surveillance réelle. Il faudrait qu'il en fût de même pour les services administratifs, que d'anciens officiers d'administration, admis dans le contrôle, procédassent à la vérification des approvisionnements et des comptes des manutentions, des magasins, des hôpitaux.

« Quel sera le meilleur contrôleur, quel sera celui qui, d'un coup d'œil, verra quelle corde a été trop ou trop peu tendue, si ce n'est celui qui a été opérateur et, ensuite, le même directeur? »

Nous terminerons sur ces paroles qu'un officier supérieur d'infanterie, depuis général, écrivait en 1870 dans un ouvrage fort remarqué intitulé: *l'Administration de l'armée française.*

VIII

Comment on devient médecin ou vétérinaire. — Les colonels-médecins. — Pharmaciens et médecins. — L'école de Strasbourg. — L'école du Val-de-Grâce. — Médecine et Intendance. — Médecins-chefs et comptables. — La clientèle civile. — Les vétérinaires d'autrefois et les vétérinaires d'aujourd'hui. — Assimilation. — Alfort et Saumur. — Mieux vaut crever l'homme que la bête.

Nous allons parler d'un corps dont la situation s'est transformée considérablement ces dernières années ; d'un corps qui, après avoir été aux gémonies, trône au pinacle ; d'un corps qui a su jouer de la grosse caisse à son profit sur la santé des troupes et qui a profité de l'« éruption » de médecins dont les Chambres sont affectées depuis quelques années pour se faire donner tout ce qu'il désirait : avancement rapide, grades supérieurs nombreux, avantages pécuniaires et honorifiques de toutes sortes: galons et panaces.

Promenez-vous aux alentours d'un hôpital militaire, un jour d'inspection; vous y verrez entrer des collections d'individus revêtus de dolmans aux parements et au col de velours cramoisi, les manches surchargées de galons : tous colonels ! Eh ! mon Dieu, qu'on ne croie pas à une inimitié personnelle ; c'est là le grand, l'immense défaut que tous les officiers et nombre de civils reprochent aux médecins militaires. Depuis qu'en 1882 on leur a donné des galons sur les manches et la dragonne — insigne du commandement — ils jouent à l'officier de troupe et disent quand ils parlent à des militaires: « Je suis colonel, j'ai les droits d'un colonel. »

Quantum mutatus ab illo...!

Autrefois, le sort des médecins n'était pas si brillant ; il a fallu les guerres de l'Empire pour que l'on reconnût leur utilité et leur dévouement ; encore n'eurent-ils de Napoléon Ier que des compliments et des promesses. La Restauration leur retira même les quelques améliorations qu'il leur avait accordées, telles que l'assimilation au grade de chef de bataillon — alors *summum* de leur hiérarchie ! — En 1824, le service de santé ayant été complétement réorganisé, ils eurent alors une situation meilleure : d'une part, division en médecins, chirurgiens et pharmaciens, de l'autre, création des officiers d'administration des hôpitaux et assimilation l'une à l'autre de ces deux hiérarchies parallèles.

Cependant, au point de vue militaire ils étaient encore bien peu considérés, puisqu'en 1831 l'ordonnance de Louis-Philippe, qui leur donna droit aux honneurs rendus par les sentinelles, les leur accorde en ces termes :

« Quoique cette disposition, dit le ministre, n'ait, en général, été appliquée qu'aux officiers proprement dits et aux fonctionnaires de l'Intendance militaire, elle m'a paru, néanmoins, devoir s'étendre aux officiers de santé, par la raison qu'ils font partie de l'état-major, soit des régiments, soit des subdivisions militaires où ils sont employés, qu'ils prennent rang parmi les officiers qui composent cet état-major, et qu'ils se trouvent, enfin, à l'égard des sous-officiers et soldats, dans la position du supérieur vis-à-vis de l'inférieur. »

Depuis lors, le corps de santé a pris de l'importance; c'était justice. La carrière médicale civile offre à ceux qui s'y engagent bien des avantages honorifiques et pécuniaires dont l'absence dans la carrière militaire a, à maintes reprises, avant les dernières améliorations faites, causé des vides dans les rangs de ce corps.

Reconnaissons aussi que l'extension donnée à la hiérarchie a été suivie d'un relèvement du niveau général des études et que, si quelques vieux majors de régiment sont encore au-dessous de leur tâche, la grande majorité est apte à remplir le rôle important qui, en temps de paix, comme en temps de guerre, incombe au médecin militaire.

Le service de santé a pour mission de veiller

à tout ce qui intéresse l'hygiène des troupes tant au point de vue de la nourriture, du casernement, que des exercices, marches et manœuvres. Il doit en outre assurer des soins aux militaires malades dans les divers établissements hospitaliers à la charge de la Guerre et dans les corps de troupe.

Le corps de santé comprend un personnel de médecins et de pharmaciens. Pendant longtemps, les premiers furent divisés en deux catégories ayant une autonomie propre : les médecins proprement dits et les chirurgiens. D'autre part, le corps des pharmaciens, aussi ancien que celui des médecins, est, depuis plusieurs années, vivement attaqué par ceux-ci comme dispendieux et inutile et le projet de loi du général Boulanger en demande la suppression, le service pharmaceutique devant être assuré à l'aide d'étudiants ou de pharmaciens diplômés faisant leur service militaire avec le grade d'adjudant, sous l'autorité et la surveillance de médecins militaires.

Le corps de santé va bientôt, sans doute, être complété par l'adjonction des officiers d'administration des hôpitaux au contact desquels ils vivent constamment et qui cesseront dès lors d'appartenir à l'Intendance. Actuellement, le service de santé, par un reste de l'ancienne organisation modifiée en 1882, reçoit de celle-ci son matériel, son personnel d'officiers d'administration et d'infirmiers qui se trouvent ainsi subordonnés à deux autorités toujours hostiles et souvent en opposition ouverte.

Les médecins et pharmaciens militaires ont une hiérarchie assimilée à la hiérarchie générale : le grade de sous-lieutenant à celui de général de division pour les premiers et à celui de général de brigade pour les seconds. Les grades divers sont ceux d'aides-majors, majors et principaux de 2e et 1re classe, inspecteurs et inspecteur général pour la médecine seulement. Le recrutement est assuré à l'aide de l'École d'Application de médecine et de pharmacie militaires, annexe de l'hôpital du Val-de-Grâce, à Paris.

Avant 1870, les jeunes gens qui se destinaient à la médecine militaire entraient à l'école préparatoire de Strasbourg à la suite d'un concours et avant d'avoir commencé leurs études médicales, sous condition de souscrire un engagement d'honneur de servir dix ans dans le corps de santé, à dater de l'achèvement de leurs études. L'admission était, en outre, subordonnée au paiement d'une pension; mais des bourses et des demi-bourses fort nombreuses étaient accordées. Les élèves, complétement casernés, devaient, à la fin de la troisième année pour les pharmaciens et de la quatrième pour les médecins, passer leurs derniers examens. Les frais d'examens étaient à la charge de l'État.

De Strasbourg, les pharmaciens pourvus de leur diplôme de maître en pharmacie et les médecins après l'obtention du titre de docteur, entraient à l'École d'application du Val-de-Grâce, y séjournaient un an avec une solde spéciale et, après examens, en sortaient pourvus du grade de médecin ou pharmacien aide-major de 2e classe.

Le régime actuel est celui de 1870, avec cette différence que l'École préparatoire a été supprimée. Les jeunes gens qui veulent être nommés élèves du service de santé concourent annuellement, selon qu'ils ont déjà 8, 12 et 16 inscriptions ou sont docteurs en médecine et cela dans des limites d'âge déterminées proportionnellement au degré d'avancement de leurs études.

Ceux qui n'ont pas encore leurs diplômes sont répartis entre les diverses facultés de médecine ou écoles de pharmacie et attachés à l'hôpital militaire de la ville. Ils prennent part au service de ces établissements, ne portent pas d'uniforme, mais sont soumis à l'intérieur de l'hôpital aux règles de la discipline. Une indemnité de 1200 francs par an est allouée aux élèves-médecins à partir de la 13e inscription et aux pharmaciens à partir de la 9e, pendant une durée *maxima* de deux ans. De plus, les frais d'examen, pour la première présentation, sont à la charge de la Guerre; en cas d'échec, ils incombent au candidat malheureux.

Les élèves de l'École d'application du Val-de-Grâce ont le titre de médecin ou pharmacien stagiaire; ils portent l'uniforme d'aide-major de 2º classe moins le galon et la dragonne qu'ils n'obtiennent qu'à la sortie et une fois promus. Les cours durent un an; ils sont professés par des médecins militaires nommés au concours et ont pour but d'initier les élèves à l'exercice spécial de leur art dans l'armée, de leur en faire connaître l'organisation générale, de compléter leur instruction pratique et de leur donner des notions sur l'administration et la comptabilité des hôpitaux dont ils ont la direction.

Cette question de la direction des hôpitaux aux médecins semble toute naturelle et toute simple; elle est grosse de difficultés et n'a été tranchée qu'à demi. Autrefois, nous l'avons déjà dit, l'Intendance exerçait cette direction à l'aide des officiers d'administration du service des hôpitaux; le médecin n'avait qu'à soigner ses malades et ne s'inquiétait nullement de la question de matériel, d'organisation, de dépense et de comptabilité. Les médecins, par ambition, lassés d'une tutelle parfois acrimonieuse, il faut le reconnaître, se sont débattus pour être émancipés et, comme le charbonnier, être maîtres chez eux. Un orateur habile, exploitant la sensibilité des députés et le succès des élections futures, a enlevé le vote et obtenu la majeure partie de ce que réclamaient ceux dont il était l'interprète; toutefois, l'Intendance n'a pas lâché prise et a su si bien s'arranger que l'organisation du service est devenue absolument difficultueuse et soulève des conflits à chaque instant. Les choses sont allées si loin, qu'au début de l'expédition du Tonkin, la direction de santé ayant demandé à celle de l'Intendance des approvisionnements de médicaments et d'objets de pansement, celle-ci en fit expédier à Hanoï constitués sur les mêmes bases que ceux destinés à l'Algérie; on négligea de les vérifier au départ et ce ne fut qu'à la réception que la chose put être constatée. On voit le péril que présenterait en temps de guerre cette dualité.

Autre péril, venant des médecins celui-là. Depuis que la nouvelle organisation leur a donné la direction du service qui, autrefois, était, en réalité, exercée par les comptables des hôpitaux, les médecins, un peu par excès de zèle, et beaucoup pour être désagréables à ceux-ci, se sont tous ingérés dans les moindres détails d'exécution du service. Un officier d'administration principal, ayant retraite de lieutenant-colonel, ne peut même pas signer une permission d'une heure; le médecin-chef, seul, en a le droit. Qu'en résulte-t-il ? le médecin-chef ne pouvant être, à la fois, praticien et administrateur, n'offrant d'ailleurs aucune des conditions nécessaires pour remplir ce dernier rôle, abandonne l'amphithéâtre et les livres au grand détriment de sa science et de la santé des malades et, en outre, commet des fautes parfois graves que le comptable qu'il veut évincer et dont il cherche à se passer se garde bien de lui faire apercevoir. Dernier grief : les médecins, en général, sont très vains et se considèrent — j'entends la grande partie des non-valeurs, car les maîtres sont plus modestes, — se considèrent comme très supérieurs à ceux qu'ils coudoient. La médecine militaire n'est pas exempte de ce travers; et, naturellement, le dédain dont elle accable ses collaborateurs administratifs se devine. Ce dédain est d'autant plus grand qu'il trouve des encouragements aux sommets de la hiérarchie; le médecin-chef d'un des premiers hôpitaux de Paris parlant aux élèves médecins qui suivaient sa visite ne se gênait nullement pour leur dire en présence des malades et des infirmiers : « Les officiers d'administration, il faut s'en passer; nous n'en avons pas besoin, ce sont des ânes »; ou encore : « L'administration, c'est du propre ! »

Il est vrai qu'il jouissait, même parmi ses collègues, d'une réputation justifiée de grossier personnage et de Ramollot à col de velours.

En réalité, les médecins qui se sont mis à faire de l'administration à outrance ne sont pas les plus forts. Nous sommes bien certains que jamais des hommes distingués comme le médecin inspecteur Villemin, de l'Académie de médecine, les professeurs Chauvel ou Poncet dont s'honorent l'École du Val-de-Grâce et le monde scientifique, n'osent perdre leur temps à de semblables détails. L'action d'un médecin chef doit être toute de surveillance et de direction et ne consiste certainement pas à voir chaque matin quels sont les hommes sortis la veille et combien de temps ils sont restés dehors ; c'est un rôle de concierge.

Dans les corps de troupe, le médecin passe chaque matin la visite des hommes malades, désigne ceux qui doivent rester à l'infirmerie régimentaire, établit des billets d'entrée à l'hôpital pour les plus malades. Il accompagne le corps dans les marches, manœuvres, exercices à feu, tir à la cible, baignades, etc. En outre, il est chargé de l'instruction des brancardiers régimentaires.

Dans certaines places où le chiffre de la garnison ne permet pas la création d'un hôpital militaire, on réserve dans l'hôpital civil certaines salles aux hommes de la garnison qui tombent malades; le service est alors fait totalement ou en partie par les médecins des corps.

Les officiers du corps de santé employés au service régimentaire sont des grades de major et d'aide-major de 1re ou de 2e classe. Ils peuvent également être employés dans les hôpitaux avec et sous les ordres des médecins-principaux. Un certain nombre de ceux-ci, et les médecins inspecteurs remplissent les fonctions de directeurs du service de santé dans chacun des dix-neuf corps d'armée. Ils ont la direction du service médical de la région sous l'autorité du général commandant.

Le service dans les hôpitaux consiste à passer la visite des malades le matin et l'après-midi ; à leur prescrire tout ce qui leur est nécessaire comme médication et nourriture; à proposer ceux qui doivent aller en congés de convalescence, aux eaux, aux bains de mer, ainsi que ceux qui, devenus impropres au service, doivent être, selon les cas, mis en non-activité, retraités ou réformés.

Les pharmaciens sont, naturellement, chargés de la préparation des prescriptions des médecins-traitants ainsi que de l'examen des denrées alimentaires, liquides, etc... et des analyses qui leur sont demandées. En outre, certains d'entre eux sont attachés aux Magasins de réserve de médicaments et à la Pharmacie Centrale des hôpitaux militaires.

Une question qui a causé et cause encore, de temps en temps, de vives polémiques, est celle de la clientèle civile. Un médecin militaire a-t-il le droit — quelques-uns disent même, n'a-t-il pas le devoir — d'accorder ses soins à tout individu civil ou militaire qui les réclame? Disciplinairement la question a été tranchée à plusieurs reprises de façons diverses. La difficulté du recrutement après la guerre fit même autoriser, en 1873, les médecins militaires à porter des vêtements bourgeois en dehors du service pour les besoins de la clientèle civile. Actuellement, tout officier pouvant se mettre en *pékin*, il n'y a plus de privilège. Les médecins militaires font tous, plus ou moins, de *la clientèle;* les uns disent qu'ils doivent tout leur temps à l'armée et qu'ils portent préjudice à leurs collègues civils qui ne reçoivent aucun traitement de l'État; les autres, au contraire, déclarent la chose excellente et juste. Excellente, en ce qu'elle leur donne plus de pratique, leur permet de voir plus de cas et les encourage à travailler et à ne pas se laisser aller à la vie de café et de *far niente;* juste, car en embrassant la carrière militaire après avoir achevé leurs études médicales ils renoncent aux avantages pécuniaires de la clientèle civile et ne font ainsi qu'en recouvrer une partie.

Quoiqu'il en soit, il est certain qu'en Algérie, surtout, vu le manque de docteurs en médecine civils, les majors font tous de la clientèle et sont très recherchés des colons. L'inconvénient qui en résulte, c'est qu'une fois en possession d'un noyau de clients sérieux, le médecin donne sa démission et abandonne la carrière militaire au moment où il aurait pu, en pleine possession de soi-même et plus compétent, rendre des services plus considérables à l'armée. On a même vu des médecins-principaux en possession d'un cabinet de consultations couru, installés dans un grand centre : Paris, Lyon, Bordeaux, retarder le plus possible leur nomination au grade d'inspecteur pour ne pas être déplacés.

Toujours est-il que le corps médical est actuellement le mieux partagé comme avantages de toutes sortes : grande proportion de grades supérieurs, avancement jusqu'à celui de major de deuxième classe (capitaine) équivalent à celui du génie, indépendance absolue, grande autorité, service peu chargé ; on le voit, tout est pour le mieux. Aussi, le niveau général y est-il bien supérieur à celui d'autrefois ; on ne pourrait plus — qu'exceptionnellement — répéter ces anecdotes nombreuses qui, à une époque, tendaient à faire passer les chirurgiens militaires pour des brutes ou des maladroits comme dans celle-ci :

Un soldat, blessé d'une balle à la cuisse, avait été porté à l'ambulance. Là, pendant deux jours, les chirurgiens ne firent que sonder. Le soldat que cela faisait souffrir, finit par leur demander, d'un ton d'impatience, ce qu'ils cherchaient ainsi.

« — On cherche la balle, répondit le chirurgien.

» — Eh! tonnerre, s'écria le soldat, il fallait donc me dire cela plus tôt, je l'ai dans ma poche! »

Si le corps de santé a vu s'améliorer prodigieusement sa situation, celui des vétérinaires a subi, à ce point de vue, une transformation bien plus considérable encore.

En 1812, les corps de cavalerie avaient chacun un ou plusieurs « *artistes vétérinaires* » portant les insignes de maréchal-des-logis et recevant un traitement annuel de 690 francs. Ce ne fut qu'après diverses tentatives infructueuses que l'on parvint enfin à donner aux vétérinaires la situation d'officier ; cependant, au début, en 1842, il n'y eut que ceux qui se trouvaient à la tête du corps qui l'obtinrent, les grades inférieurs restaient assimilés à ceux de sergent-major et d'adjudant.

Il y avait là une véritable injustice, étant donnés les études fort longues et les travaux imposés aux vétérinaires ; aussi un décret de 1852 organisa-t-il sur des bases toutes nouvelles le corps des vétérinaires, leur donnant une hiérarchie spéciale, la situation d'officiers et non assimilés comme l'étaient alors tous les non-combattants sauf les fonctionnaires de l'Intendance qui, recrutés parmi les capitaines de toutes armes, ne pouvaient, évidemment, en entrant dans cet état-major, perdre le caractère du grade qu'ils possédaient antérieurement. Lors de notre réorganisation, après la dernière guerre, les vétérinaires virent améliorer encore leur situation et furent enfin assimilés deux ans après les médecins.

Le corps comprend une hiérarchie à cinq degrés avec assimilation de chaque grade depuis celui d'aide-vétérinaire correspondant à sous-lieutenant jusqu'à celui de vétérinaire principal de 1re classe, correspondant à lieutenant-colonel, en passant par les grades intermédiaires de vétérinaire en second, vétérinaire en premier et vétérinaire principal de 2e classe.

Le recrutement est assuré de deux façons : d'une part, à l'aide de vétérinaires civils en possession du diplôme universitaire, admis après concours comme aides-vétérinaires stagiaires ; de l'autre, par les soixante élèves que le ministère de la guerre entretient dans les Écoles vétérinaires d'Alfort, de Lyon et de Toulouse.

Pour entrer dans ces écoles à titre d'élèves militaires, il faut avoir dix-sept ans au moins et dix-huit au plus, concourir et, en cas de réussite, s'engager à servir six ans au moins dans l'armée. La durée des cours est de quatre ans.

Dans ces Écoles, on n'enseigne que la médecine et l'art vétérinaire, proprement dits; de même que pour les officiers de santé, à la fin des cours qui y sont professés, les élèves et les vétérinaires civils reçus directement passent à l'École d'application vétérinaire annexe de l'École de cavalerie de Saumur.

Là ils ont le titre d'aides-vétérinaires-stagiaires, portent l'uniforme et s'initient à la pratique spéciale de leur métier en concourant au service sanitaire et à celui de la maréchalerie. Ils s'y perfectionnent dans l'équitation, acquièrent la connaissance des lois fondamentales de l'armée et des règlements spéciaux qui les concernent. Après un séjour d'un an ils subissent un examen de sortie et, nommés aides-vétérinaires, sont répartis dans les corps de troupe.

Les fonctions dont sont chargés les vétérinaires sont très importantes au point de vue économique ; comme on le sait, l'achat et l'entretien des chevaux sont une des grosses charges de l'État, le projet de budget de 1886 demande treize millions pour achats de chevaux de remplacement; les divers services de notre armée en comprennent 130.000 dont on peut fixer le prix moyen à 1100 francs. On voit toute l'importance d'une bonne organisation vétérinaire; aussi, existe-t-il dans chaque caserne de cavalerie, une infirmerie où sont traités les chevaux et mulets atteints de maladies diverses. La nécessité d'avoir de bons praticiens en est résultée et a entraîné l'amélioration de la situation faite aux vétérinaires.

Outre le service de l'irfirmerie, les vétérinaires employés dans les corps de troupe sont chargés de visiter les chevaux, de faire les opérations chirurgicales, de prononcer sur la nécessité des abattages, de veiller à l'hygiène des écuries, examiner dans les parcs à fourrage la qualité des denrées destinées à la nourriture des chevaux, de diriger et surveiller la ferrure et la forge.

Des vétérinaires sont également attachés aux dépôts de remonte tant pour les soins à donner aux animaux que pour leur examen au moment des achats et des livraisons ; ils font en outre partie des commissions d'achat et sont représentés au Comité d'Hygiène hippique. Certains ont vu d'un mauvais œil l'amélioration apportée à la position de ces officiers dont beaucoup sont de véritables savants, des maîtres en leur art; on n'a pas manqué d'en expliquer ironiquement la cause en répétant le vieux proverbe, militaire, dit-on :

« Mieux vaut crever l'homme que la bête. » Il n'y a eu là qu'un acte de justice guidé par l'intérêt du service et l'économie des deniers publics, acte que nous espérons bien voir se renouveler pour les mêmes raisons au profit des personnels administratifs. Quand des hommes, à une époque comme celle-ci où le besoin d'argent grandit chaque jour, renoncent délibérément aux avantages pécuniaires que leur travail, leur intelligence, leur science, leur permettent d'espérer, il est équitable, c'est même un devoir absolu pour l'État, de leur rendre en considération et en honneurs ce qu'ils perdent en argent.

IX

Aux ambitieux : le bâton de maréchal. — Généraux d'hier et de demain. — État-major général et officiers d'état-major. — Les fils à papa. — École supérieure de guerre. — Attachés militaires et professeurs. — Le dépôt de la guerre et le service géographique. — Archivistes. — Une citation de La Fontaine. — Conclusion du général Lewal.

Il est évident que, du moment où l'on est promu sous-lieutenant, on est absolument convaincu d'arriver aux étoiles de général ; bien mal venu qui prétendrait le contraire. Le temps, « qui est un grand maigre » comme disait un fabricant d'à peu près, proche parent de Mme Cardinal, se charge de calmer les cerveaux trop en ébullition et les tableaux d'avancement, chaque année, douchent ceux dont la folie ambitieuse s'est emparée. Dans le temps, dit un auteur militaire, on disait : « quand je serai capitaine » ; aujourd'hui, on dit : « quand je serai général » ; on a des visées plus élevées, voilà tout. Pourtant, quoiqu'il en soit, la *graine d'épinards* ne manque point d'amateurs et l'on est toujours prêt à se voir

« ..... Élevant dans sa main
Le bâton bleu semé d'étoiles. »

Faut-il faire un peu de statistique ? non, n'est-ce-pas, ne décourageons personne ; à quoi bon aller dire que sur vingt mille officiers combattants que comptent nos cadres, il y a deux cents généraux de brigade et cent généraux de division : pourquoi n'en est-il pas en France comme à Monaco ? « Pas d'inférieurs, tous supérieurs » !

Sans sortir de chez nous, pourquoi n'en est-il plus en 1887 comme en 1787 où une armée de cent cinquante mille hommes comptait trente-six mille officiers dont onze maréchaux de France, deux cent trois lieutenants-généraux; sept cent soixante-neuf maréchaux de camp et brigadiers d'infanterie ou de cavalerie? (RANDOT, *La France avant la Révolution*.) La transformation a été sensible surtout en ce point. Si la monarchie a eu ses grands généraux, ses Condé, ses Turenne, ses Catinat, quel abaissement quand les souverains n'ont pas eu l'énergie nécessaire pour imposer à leurs courtisans des hommes de valeur et résister à l'action de leur entourage. Le siècle de Maurice de Saxe a été aussi celui de ces incapables : Contades, Soubise, etc... que la verve des chansonniers audacieux n'épargna point :

> « Soubise dit, la lanterne à la main
> J'ai beau chercher, où diable est mon armée ?
> Elle était là pourtant hier matin,
> Me l'a-t-on prise ou l'aurais-je égarée ?
> Ah! je perds tout, je suis un étourdi
> Mais attendons au grand jour, à midi;
> Que vois-je, ô ciel! que mon âme est ravie,
> Prodige heureux, la voilà! la voilà!

Ah ! ventre bleu, qu'est-ce donc que cela ?
Je me trompais, c'est l'armée ennemie !

Quelles sont donc, dira-t-on, les qualités nécessaires à un bon général ? A cette question, impossible de répondre. Il est certain qu'Alexandre, César, Frédéric II et Napoléon n'avaient point les mêmes. Autrefois, il fallait plus de valeur que de science ; aujourd'hui c'est presque tout le contraire. « Les qualités essentielles à un général d'armée, dit Jomini, seront toujours : un grand caractère ou courage moral qui mène aux grandes résolutions ; puis le sang-froid ou courage physique qui domine le danger. Le savoir n'apparaît qu'en troisième ligne. » Aurait-il raison encore aujourd'hui ? Évidemment, le sang-froid, l'énergie, la netteté et la promptitude de la conception, sont des éléments précieux pour un chef d'armée ; mais à cela il faudra joindre une foule de qualités variables selon les circonstances, les milieux, les époques, les accidents.

La Révolution a eu d'excellents généraux dont plusieurs ont succombé à trente ans, déjà glorieux ! Par quelle école avaient-ils passé ? quelle préparation avaient-ils subie ? aucune. De même que Berchoux avait dit : « On devient cuisinier mais on naît rôtisseur », on a dit : On devient capitaine mais on naît général. Napoléon était, on le sait, un des pires élèves de Brienne. La Restauration, le second Empire, ont pris la grande majorité de leurs généraux dans les officiers d'état-major. Aujourd'hui, presque tous ceux qui obtiennent les étoiles sont brevetés et, dans un avenir prochain, il faudra absolument l'être pour y arriver.

Le maréchalat n'est plus qu'un souvenir ; bien qu'il n'ait pas été supprimé, les Chambres ont décidé, sur la proposition du général Chanzy, qui s'écria dans une séance mémorable : « Que ceux qui veulent le bâton de maréchal, aillent le chercher au-delà du Rhin ! » que cette dignité ne serait plus accordée qu'aux généraux victorieux et par une disposition législative spéciale.

En conséquence, à mesure que les maréchaux actuellement vivants disparaissent, la fonction est supprimée ; il sont encore trois, touchant une solde annuelle de trente mille francs.

Les généraux de division et de brigade sont répartis entre deux sections ; l'activité ou la disponibilité et le cadre de réserve dans lequel ils passent, soit pour raison de santé, soit quand ils atteignent un certain âge — soixante-cinq ans pour les premiers et soixante-deux pour les seconds.

Chaque arme a ses généraux de brigade ; mais les généraux de division ne sont plus spéciaux ; ils doivent être en état de commander des corps d'armée et des armées composées de troupes de toutes armes. Il paraît cependant que cette condition n'est pas toujours remplie, puisque l'un des plus remarquables de nos officiers généraux, le divisionnaire Lewal, a pu écrire il y a peu d'années :

« La plupart de nos généraux ne connaissent que l'arme dans laquelle ils ont fait leur carrière. Les autres armes les gênent, les préoccupent, les embarrassent. »

C'est afin de parer à ce danger et de généraliser les connaissances militaires que les individus sont plutôt portés à spécialiser qu'une école de commandement a été créée, voici dix ans, sous le titre d'École supérieure de guerre.

On peut diviser les officiers attachés aux états-majors en deux catégories : les officiers du service d'état-major, gens de valeur constatée, ayant tous passé par l'École de guerre ou sortant de l'ancienne école d'état-major et les officiers d'ordonnance, jeunes gens appartenant le plus souvent à des familles riches et aristocratiques et n'ayant, en fait de titres, que des titres... de rente ou de noblesse.

Il y a des exceptions, mais c'est la généralité, ou plutôt, c'était ; car une récente décision a arrêté qu'à mesure de l'expiration de leurs fonctions, ils seraient remplacés dans leurs emplois par des officiers brevetés.

L'armée, en effet, n'est pas plus exempte de

favoritisme que les autres corps hiërarchisés. « Les fils à papa » y constituent une catégorie de privilégiés contre lesquels il n'existe que cette ressource : exiger des preuves de capacité et de travail. Après cela, si, entre deux individus intelligents, un général choisit de préférence comme aide-de-camp ou chef d'état-major, celui dont il connaît la famille, qui, par ses relations et sa fortune, peut l'aider un jour dans son avancement ou l'établissement de ses enfants, on ne peut trop le lui reprocher.

Chaque général commandant une division a autour de lui pour l'assister dans la préparation et l'aider dans l'exécution de ses plans un état-major composé d'officiers brevetés de divers grades depuis celui de capitaine jusqu'à celui de colonel. La question des états-majors a été de tous temps une grosse question ; l'officier d'état-major, comme l'a dit le général Lewal, « est destiné à être un œil ou une oreille et non un bras ». Or, il est bien difficile que les hommes intelligents que l'on choisit pour ces fonctions aient assez d'abnégation pour remplir passivement leur rôle et consentir à la suppression de leur personnalité ; de là des conflits et des difficultés fréquentes que l'on a vus maintes fois éclater, en 1870, notamment, entre l'ex-maréchal Bazaine et son chef d'état-major.

Le général Lewal, qu'en cette matière il est bon de citer, a écrit à propos de ce haut fonctionnaire : « Le général capable n'a pas besoin de chef d'état-major ; il ne lui faut que des aides toujours à ses côtés. Le général médiocre redoute son chef d'état-major et ne s'en sert pas. La plupart des généraux connaissent peu celui qu'on leur donne. C'est déjà un personnage qu'un simple respect des convenances empêche de déranger et de faire appeler à tout instant. Il y a là une situation délicate qui peut facilement devenir mauvaise.

» L'aide-de-camp, au contraire, est connu du général ; il est son conseiller et son confident ; souvent même il y a du dévouement et de l'affection réciproques. »

Depuis 1818, jusqu'à 1880, il y eut un corps d'état-major, constituant une caste spéciale. Certains officiers sortant des écoles y entraient à la suite d'un concours et y faisaient leur carrière, employés à des services spéciaux; malheureusement, en dépit du passage par l'École d'application d'état-major créée dès l'origine du corps, de nombreux passe-droits en faveur des jeunes gens de haute naissance et surtout le trop long séjour des titulaires hors des corps de troupe, privèrent l'armée d'une partie des services qu'ils eussent pu rendre par l'adoption d'un système mixte vivement préconisé et mis actuellement en pratique. Au lieu d'un corps spécial, il n'y a plus aujourd'hui qu'un *service* d'état-major où les officiers les plus remarquables de l'armée, sans distinction d'armes, viennent s'initier aux questions générales et retournent ensuite dans les corps de troupes.

C'est dans ce but qu'a été créée l'École supérieure de guerre, véritable Institut militaire, où les officiers subalternes de toutes armes sont admis chaque année à la suite d'un concours. La durée des études est de deux ans à la suite desquels des examens définitifs déterminent le classement et l'obtention d'un brevet spécial.

Les civils voient généralement dans les états-majors un côté brillant et une charge importante ; les militaires jalousent la position des officiers d'état-major, apparemment avantageuse, et leur attribuent une grande influence; cependant il y a là plus de surface que de réalité. « L'ancienneté des capitaines d'état-major a dépassé parfois dix-neuf ans, dit le général Lewal; celle des capitaines d'Infanterie n'a jamais excédé seize. »

En effet, tandis qu'il semblerait juste qu'au sortir de l'École, après avoir donné des preuves évidentes d'instruction théorique et pratique, les officiers brevetés obtinssent certains avantages d'avancement, il n'en est rien; bien au contraire.

« Voilà un capitaine d'état-major, dit un article de la *France militaire*, employé en Algérie par exemple : il a trois chevaux, la solde d'état-major et l'indemnité spéciale à l'Algérie. On lui confère demain un emploi de son grade dans un régiment d'infanterie en France ; il n'a plus qu'un cheval et il perd d'emblée 60 francs de solde...

» Voilà un colonel d'Infanterie qui commande un régiment ; on le bombarde demain sous-chef d'état-major d'un corps d'armée. Il perd, du coup, 100 francs de solde par mois, sans parler encore de ses frais de voyage. Il était chef de corps ; il passe en sous-ordre dans un bureau.

» Pas content non plus, le colonel...

» Pendant que leurs camarades se prélassent indéfiniment dans les mêmes garnisons, les officiers brevetés changent de résidence en moyenne tous les ans, sous un prétexte ou sous un autre. On les envoie de France en Algérie, d'Algérie en Tunisie, de Tunisie au Tonkin, du Tonkin en Amérique ; on a résolu à leur égard le problème, réputé pourtant insoluble, du mouvement perpétuel. »

Un dernier avantage reste aux officiers employés au service d'état-major: le port des aiguillettes, auxquelles on vient d'ajouter des brassards de nuances diverses comme insignes spéciaux, en plus du plumet de leur képi de grande tenue et, pour ceux attachés aux états-majors du ministère ou à la maison du Président, les bandes d'or au pantalon. Outre leurs fonctions auprès des généraux, les officiers brevetés sont chargés de missions spéciales; ils remplissent les fonctions d'attachés militaires auprès des puissances étrangères. On sait en effet que, tandis que chaque pays s'efforce de réprimer l'espionnage dont ses voisins cherchent à l'infecter le plus possible, les ministres des affaires étrangères accréditent auprès de chaque puissance des envoyés spéciaux, connaissant la langue du pays, ayant séjourné un certain temps à l'état-major général du ministère de la guerre et ouvertement chargés de les renseigner sur les mouvements de troupe, manœuvres, innovations survenues dans l'armée, que l'on aura peut-être à combattre le lendemain. Actuellement, la France est représentée auprès de quinze puissances par des officiers supérieurs ou subalternes des diverses armes ; les plus importantes comptent même un attaché et un adjoint, ce sont : l'Allemagne, l'Autriche-Hongrie, la Belgique et la Hollande, l'Angleterre, l'Italie, la Russie, l'Espagne, la Turquie, le Danemark et la Suède, la Suisse, les États-Unis, le Japon et la Chine.

D'autres postes qu'occupent généralement des officiers brevetés, bien qu'ils puissent cependant, étant uniquement donnés au concours, être remplis par des officiers non pourvus du brevet d'état-major sont ceux de professeurs et professeurs adjoints dans les Écoles.

Ces fontions sont dévolues dans chaque école à des officiers de l'arme à laquelle se préparent les élèves ; cependant, les cours spéciaux d'artillerie, de fortification, d'administration, d'hygiène sont confiés à des officiers des armes spéciales, à des sous-intendants et des médecins.

Nous ne saurions oublier parmi les fonctions

qui incombent aux officiers brevetés celles dont le Dépôt de la guerre a la direction: l'établissement de cartes officielles du pays, au point de vue militaire. Jusqu'en 1831 ce service fut l'apanage d'un corps spécial d'ingénieurs-géographes créé en 1736 et militarisé par Napoléon Ier qui le recruta parmi les élèves de l'École Polytechnique. Depuis lors, il est échu aux officiers du service d'état-major qui sont, d'une part, détachés en missions topographiques, de l'autre, employés au service géographique organisé au Dépôt de la guerre.

Dans cet établissement sont réunis les documents relatifs aux campagnes, depuis Louvois, les plans, dessins, mémoires qui s'y rapportent, les correspondances des généraux, etc. On y trouve aujourd'hui plus de cinq mille volumes exclusivement militaires et deux cents cartons remplis de pièces officielles remontant à Charles IX. A sa tête est un Directeur, actuellement le savant général Perrier, membre de l'Institut, l'une des gloires de notre armée; une école de dessin pour le service spécial géographique y est annexée et prépare des dessinateurs sous la surveillance d'un officier supérieur topographe.

Depuis longtemps on réclamait pour le service d'état-major un corps spécial de secrétaires, gens de confiance, ayant une instruction générale et une situation suffisantes pour remplir des fonctions, secondaires, mais néanmoins très importantes au point de vue du secret à garder et de l'attention qu'elles exigent. De la sorte, disait-on, les aides-de-camp et officiers d'ordonnance ne seront point occupés à des travaux de copistes; ils dirigeront le travail et ne l'exécuteront pas eux-mêmes. L'organisation actuelle du service d'état-major a satisfait à cette demande en y adjoignant un corps spécial analogue à celui des gardes d'artillerie et des adjoints du génie dont nous parlerons plus loin; le corps des Archivistes d'état-major.

Recrutés parmi les sous-officiers des sections de secrétaires d'état-major et du recrutement, ayant deux années de grade, proposés à l'inspection générale et reçus après un concours comprenant deux séries d'épreuves, ils constituent un corps ayant une hiérarchie spéciale non assimilée, depuis le grade d'archiviste de 3ᵉ classe jusqu'à celui d'archiviste principal de 1ʳᵉ classe.

Ils ont rang d'officier et sont, en temps de paix, chargés de la garde, de l'organisation et du classement des pièces intéressant le service auquel ils sont attachés; en temps de guerre, ils assistent les officiers d'état-major dans toute la partie secondaire de leur travail.

Les temps sont bien changés maintenant; le jour est loin déjà où l'on pouvait qualifier les officiers d'état-major de « brillantes nullités » et où l'on prétendait que certain colonel de ce corps avait dû son rapide avancement à ses notes ainsi conçues : « Excellent valseur, conduit très bien le cotillon, fort apprécié des dames. »

Aujourd'hui, c'est de l'intelligence et du travail que l'on demande, un travail continuel; à tous les degrés de la hiérarchie, il est obligatoire désormais pour celui qui veut arriver; il le sera bien plus encore lorsque la loi actuelle d'avancement sera votée et appliquée, subordonnant l'élévation aux grades supérieurs à la justification de connaissances théoriques et pratiques étendues. On a qualifié ce système de « mandarinat militaire »; en réalité, il est excellent, à en juger par les résultats que les puissances voisines qui le pratiquent depuis longtemps déjà en ont su obtenir. On a reproché à nos états-majors, en 1870, leur ignorance géographique et leur manque de connaissance des langues vivantes; de grands progrès ont été réalisés depuis cette époque, mais il s'en faut de beaucoup que nous ayons atteint le but désirable. C'est un Français par excellence, La Fontaine, qui l'a dit :

> Travaillez, prenez de la peine
> C'est le fond qui manque le moins.

Les officiers français peuvent se pénétrer de

cette maxime; chez eux le fond ne manque pas, loin de là; avec l'énergie et la persévérance qu'ils ont déjà manifestées, ils obtiendront des résultats supérieurs à ceux de nos voisins, car ils ont ce que ceux-ci ne posséderont jamais : l'esprit d'initiative inné, la promptitude et la vivacité de jugement, ils sont *débrouillards* « et c'est là peut-être, a dit le général Trochu, la plus réelle origine de notre supériorité militaire ». Cependant, qu'on n'aille pas s'imaginer que savoir se débrouiller suffit; il vaut encore mieux être en état de ne pas se laisser embrouiller, et pour conclure, nous citerons encore une fois ces paroles du général Lewal :

« L'action, l'action quand même, est le cri de tous les ignorants.

» Qu'ils réfléchissent donc que l'action seule est bien loin de suffire. Pour l'homme de guerre, il faut l'action intelligente, et elle ne peut l'être que par l'instruction. »

X

Que fait un officier d'infanterie? — Lignards et chasseurs à pied. — Zouaves et tirailleurs. — Comment sont organisés les corps d'infanterie. — Cadres d'un régiment de ligne. — Les officiers n'ont rien à faire : exemples. — Corps disciplinaires : bataillon d'Afrique. — Les Chamborans du père Marengo.— Compagnies de discipline : un coup de revolver. — Choisissez !

L'infanterie, avons-nous dit, forme dans toute armée la masse principale des combattants ; l'artillerie qui lui prépare la voie sur le champ de bataille, le génie qui lui débarrasse le terrain, ne peuvent rien sans elle. A la première, il faut un soutien d'infanterie pour la couvrir, à la seconde « la protection des poitrines des fantassins et l'aide de leurs bras ».

C'est l'arme la plus facile à organiser et la moins coûteuse à entretenir. Tandis qu'un soldat d'infanterie revient annuellement à 428 fr. 50, un cavalier coûte 470 francs, un artilleur 520 fr. 85, un soldat du génie 489 fr. 39, un soldat du train 469 fr. 79 (Évaluation du budget de 1878).

« Apte à tous les genres de combat, dit le Cours d'histoire militaire de Saint-Cyr, de près ou de loin, sur tous les terrains, tant dans l'offensive que dans la défensive, l'infanterie rend les plus grands services; c'est elle qui fait éprouver les plus grandes pertes à l'ennemi. » L'instruction des fantassins est multiple; autrefois, elle variait avec chaque sorte de corps : les chasseurs à pied, par exemple, n'avaient pas le même rôle et, par suite, la même éducation que les *lignards*. De plus, la tactique de l'infanterie a subi les modifications qu'ont entraîné les perfectionnements de l'artillerie et les améliorations survenues dans les modes de transport des troupes.

« A force d'augmenter la portée du fusil et celle du canon, dit M. Leser, nous avons modifié la tactique; la stratégie qui repose à la fois sur une connaissance approfondie de l'armement et de la composition des armées et sur des règles immuables, ne subit que des variations presque insensibles; la tactique relève directement du tir. A l'ordre dispersé qui fut en honneur de 1872 à 1885, les Allemands ont déjà substitué certaines formations en ordre profond qui semblent mieux se prêter au tir à distances éloignées. »

Il ne faut donc pas s'imaginer que l'on combatte aujourd'hui comme au commencement du siècle, et que le métier de fantassin consiste tout simplement dans la possession de la dose de courage nécessaire pour affronter le feu de l'ennemi, et de l'adresse indispensable pour y répondre avec avantage.

Le fantassin doit se suffire à lui-même; comme la tortue, il emporte sa maison avec lui, ou, du moins, tout ce qui lui est nécessaire pour l'édifier, s'y installer, y vivre et se défendre.

De là, la nécessité de connaissances multiples que doit posséder l'officier d'infanterie. L'infanterie est organisée en régiments ou bataillons formant corps, les uns spéciaux à l'armée d'Afrique, les autres pouvant être employés en France ou en Algérie indifféremment. Il s'agit évidemment du temps de paix, car, en campagne, cette distinction n'existe plus.

Le territoire de la France est divisé en dix-huit corps d'armée, à la tête de chacun desquels est un général de division commandant. L'Algérie forme un dix-neuvième corps.

Chaque corps d'armée comprend deux divisions d'infanterie subdivisées elles-mêmes en deux brigades composées de deux régiments de ligne.

Il y a en tout cent quarante-quatre régiments de ligne, trente bataillons de chasseurs à pied, dont dix-huit affectés aux corps d'armée et douze restant indépendants.

Le service de l'infanterie en Algérie et Tunisie est assuré à l'aide de bataillons détachés des régiments d'infanterie de France, mais surtout au moyen de corps spéciaux : zouaves, tirailleurs, légion étrangère, bataillons d'infanterie légère, compagnies de discipline.

Pourquoi, dira-t-on, cette diversité de corps de troupes? Pourquoi n'y a-t-il pas qu'une seule espèce de fantassins, une seule de cavaliers? A l'origine, il en était ainsi; mais les nécessités des guerres et la diversité des rôles incombant aux corps d'infanterie amenèrent la création successive de corps spéciaux.

Sous le premier Empire, les troupes de ligne comprenaient des grenadiers et des voltigeurs; en 1848, l'infanterie se composait de cent régiments de ligne, dont vingt-cinq d'infanterie légère, supprimés en 1855.

Le perfectionnement des armes portatives et la nécessité d'avoir un corps de fantassins légèrement équipés, prompts à la marche, adroits au tir, amena la création des *chasseurs à pied*, dus au duc d'Orléans et organisés à l'imitation des chasseurs tyroliens et des bersaglieri existant déjà en Sardaigne et en Autriche.

La conquête de l'Algérie nécessita la création des zouaves qui, dans le principe, ne formaient que deux bataillons, uniquement recrutés par voie d'engagement; un an après, celle des bataillons d'infanterie légère d'Afrique et, en 1836, la formation de bataillons de tirailleurs d'Afrique devenus tirailleurs indigènes en 1841, lorsque la conquête, déjà ancienne, put faire espérer de trouver dans la population arabe de sûrs auxiliaires.

Aujourd'hui, les différences se sont atténuées; l'organisation des chasseurs à pied n'est plus justifiée par les différences d'armement et de manœuvres qui l'avaient fait adopter (1).

---

(1) Napoléon était déjà favorable à cette unification puisqu'il écrivait : « L'infanterie de ligne doit suffire à tous les modes de combat. »

Si les corps d'élite ont plus de valeur que les autres, c'est en enlevant à ceux-ci les meilleurs de leurs hommes et les plus purs de leurs éléments. Cependant, on trouve encore chez la plupart des puissances étrangères trois

En France, le service est le même dans tous les corps d'infanterie, quelque nom qu'ils portent et, s'il y a des différences, elles ne sont que dans le détail et n'ont trait qu'à l'organisation intérieure des corps ordinaires et des corps disciplinaires.

A la sortie de Saint-Cyr ou de Saint-Maixent, le sous-lieutenant promu peut donc être envoyé indifféremment dans un régiment de ligne, de zouaves, de tirailleurs ou dans un bataillon de chasseurs à pied.

Ceux-ci sont répartis dans les places frontières, principalement dans les Alpes; ils sont, en effet, par leur ancienne organisation, et d'après le but qui leur avait été assigné primitivement, destinés à faire le service dans les montagnes.

L'uniforme des chasseurs à pied, dont la nuance sombre, relevée d'un galon d'argent, est très aristocratique, tente beaucoup les jeunes

sortes d'infanterie : troupes de ligne, troupes légères, troupes d'élite.

officiers; malheureusement, ils occupent généralement pendant la belle saison des garnisons peu mouvementées, et les quelques mois d'hiver qu'ils passent dans des centres plus importants ne sont pas une compensation suffisante. Actuellement, l'ancienne tradition de rapidité des chasseurs n'existe plus; la vitesse de marche, dans tous les corps d'infanterie, est la même, et ils ne pourraient plus répondre maintenant au général qui leur dirait : « Soldats, nous allons marcher à l'ennemi! »

— « Ce n'est pas de nous qu'il s'agit, il aurait dit : courir. »

Le projet du général Boulanger supprime les bataillons de chasseurs à pied et demande la création de quarante régiments destinés à la défense des Alpes et répondant aux bataillons alpins que possèdent nos voisins : ils auraient le même uniforme que la ligne. Après

..... Les chasseurs
Tout en gris, couleur de broussaille
. . . .
Voyez, capotte retroussée

> Passer, arpentant la chaussée
> Les premiers, nos petits lignards,
> Le képi rouge sur l'oreille.

Le lignard c'est le « pauv'peup' » de l'armée, la bonne à tout faire, la chair à canon par excellence. Quand il s'agit de se faire tuer tranquillement, d'aller par un dévouement obscur, qui ne donnera nulle gloire à ceux qui l'auront montré, sauver le reste de l'armée, les *pioupious* conduits par leurs officiers y marchent modestement.

> Héroïques soldats dont nul n'a su les noms,
> Combien, qui sont tombés sous le feu des canons !

Les officiers de zouaves et de tirailleurs sont en quelque sorte les artistes de l'infanterie. Autrefois, c'étaient tous des officiers choisis ; les sous-lieutenants étaient pris parmi les premiers sortis de l'école ou les sous-officiers du corps promus à la suite d'une action d'éclat. Une intimité très grande liait chefs et soldats dans cette vie spéciale, toujours semée de dangers, qu'ils menaient en commun.

Maintenant qu'au lieu de deux bataillons recrutés exclusivement par engagements volontaires il y a quatre régiments de zouaves à vingt compagnies, et que chaque contingent les alimente de la même façon que les régiments de ligne, ce ne sont plus que des corps ordinaires où les traditions anciennes de discipline et d'abnégation disparaissent de plus en plus pour ne laisser, comme cachet particulier, que des habitudes de laisser-aller et de forfanterie.

Toutefois, les officiers de zouaves trouvent dans la vie encore spéciale qu'ils sont obligés de mener dans les postes du sud de l'Algérie et en Tunisie des occasions fréquentes de développer leur esprit d'initiative et de se préparer à l'existence en campagne.

Des tirailleurs, nous dirons la même chose que des zouaves. La création de quatre régiments à la place des deux bataillons primitifs a entraîné le même abaissement du niveau de ce corps spécial: on sait qu'il est essentiellement composé de soldats indigènes et que les cadres d'officiers sont mixtes avec cette restriction que les Arabes ne peuvent occuper que les emplois de sous-lieutenant et de lieutenant en second.

Dans tous ces corps, le rôle de l'officier est le même. Les régiments de ligne sont commandés par des colonels; ils se subdivisent en quatre bataillons à la tête desquels est un commandant : chef de bataillon. Enfin, chaque bataillon est la réunion de quatre compagnies, chacune sous les ordres d'un capitaine qu'assistent un lieutenant et un sous-lieutenant chargés spécialement d'un des deux pelotons dont elles sont formées. A côté de cette organisation générale du régiment se trouvent deux compagnies dites de dépôt, une section commandée par le capitaine d'habillement assisté de son adjoint et du lieutenant d'armement, un état-major composé du lieutenant-colonel, des chefs de bataillon, du major, des adjudants-majors, de l'officier d'habillement, du trésorier, de son adjoint, du porte-drapeau, des officiers de santé et du chef de musique.

Des quatre bataillons dont se compose un

régiment d'infanterie, trois forment la partie mobile marchant en cas de guerre, le quatrième constitue la partie disponible et est affecté à la défense des places fortes ou sert à former des régiments de marche. Les compagnies de dépôt restent dans la garnison qu'occupe le corps en temps de paix et sont chargées de recevoir et d'instruire les recrues et d'expédier au corps ce dont il a besoin.

Le travail d'un officier comprend, avons-nous dit : l'éducation et l'instruction du soldat.

De l'éducation, nous en avons déjà parlé ; mais elle est si essentielle, elle se tient si étroitement liée à l'instruction que nous ne saurions trop nous y arrêter.

Apprendre le maniement d'armes à un soldat, le rompre à la fatigue, l'initier aux exigences de la discipline, sont des choses excellentes et essentielles; mais croit-on que lorsqu'il sera en campagne, ces seules habitudes lui feront accepter les privations et les souffrances qu'il aura endurées ? Non, il faut qu'il ait en lui-même conscience de la nécessité de ce qu'il fait; qu'il comprenne que le mal qu'il se donne, est une source de bien pour le pays; que s'il est tué, sa mort profitera à un intérêt supérieur, à une cause juste qui l'intéresse lui et les siens et qu'au-dessus de son bien-être, au-dessus de son intérêt particulier sont l'honneur et la gloire de cette chose suprême : la Patrie.

Le fantassin a d'ailleurs sur le cavalier cet immense avantage qu'il n'a à s'occuper que de soi et ne dépend que de lui seul : quel que soit le moral d'un cavalier, si sa monture est exténuée ou blessée, il ne peut plus rien ; si elle manque de ce qui lui est nécessaire, ses souffrances sont encore pour lui une cause d'affaissement moral. Donc, il appartient à l'officier d'infanterie d'élever l'âme du soldat, de lui découvrir les horizons élevés que son instruction incomplète et la vie purement matérielle qu'il a souvent menée jusqu'à son appel sous les drapeaux, ne lui ont pas permis d'apercevoir auparavant. Cette tâche, d'ailleurs, tend à devenir de plus en plus facile, grâce à la direction prise par l'enseignement scolaire, et il viendra un moment, peu éloigné, où l'officier n'aura à s'occuper que de l'instruction de la troupe dont l'éducation aura été préalablement faite; la tâche sera suffisante.

L'instruction dans l'infanterie se donne dans chaque compagnie sous la direction du capitaine et la surveillance du lieutenant et du sous-lieutenant, par les sous-officiers et les caporaux. Quand la recrue a passé par l'école du soldat qui est l'A B C de la science militaire, quand il connaît les marches par sections et par pelotons, le maniement d'armes, la compagnie se réunit et fait l'école de compagnie. A côté de ces exercices, il faut placer les théories sur le montage et le démontage du fusil, le tir, le service intérieur et en campagne; former des sous-officiers et leur faire former des caporaux n'est pas non plus la moindre besogne du lieutenant. Ajoutons les séances de gymnastique, d'escrime, les tirs à la cible, la baignade en été, le service de place, les travaux personnels : conférences, rapports, études diverses, nécessaires pour se tenir au courant des modifications qui, chaque jour, surgissent dans l'organisation militaire et l'on voit qu'il a de quoi s'occuper.

A ces occupations qu'il partage, mais de plus loin, le capitaine joint la comptabilité de sa compagnie, la tenue du magasin d'habillement, la préparation de tous les éléments de mobilisation et des appels des réservistes.

Il existe dans chaque régiment des fonctions spéciales tout à fait en dehors de la vie active du corps ; ce sont celles de major, de capitaine-trésorier ou d'habillement, d'adjoint à l'un ou à l'autre, de lieutement d'armement, de porte-drapeau.

Ces postes sont essentiellement bureaucratiques et rencontrent peu d'amateurs, en général. Ils exigent d'ailleurs l'obtention d'un certificat d'aptitude délivré par une commission spéciale.

Le major a la surveillance et la direction générale de l'administration du régiment ; le trésorier en tient la caisse et s'occupe de tout ce qui a trait aux diverses prestations en argent ou en nature auxquelles officiers et troupe peuvent avoir droit. Le capitaine d'habillement a la comptabilité et l'organisation des magasins du corps, la préparation du lotissement pour la mobilisation. Les adjoints au trésorier et à l'habillement les secondent ; l'officier d'armement surveille l'entretien et la réparation des armes du corps. Enfin le porte-drapeau est chargé de la propreté générale et de l'installation du casernement.

A ces multiples fonctions, les officiers d'infanterie, conformément aux désiderata depuis longtemps exprimés par eux, vont en joindre de très importantes : ils vont choisir et fabriquer les modèles de leurs armes que, jusqu'ici, l'artillerie leur fournissait. Si, d'autre part, on tient compte de ceci que chaque régiment a plusieurs officiers de divers grades détachés de côté et d'autre : celui-ci aux écoles, celui-là dans les manufactures, tel au service d'état-major ou aux affaires indigènes et que, naturellement, le travail des absents incombe aux présents, on comprendra une fois de plus de combien de labeur et d'efforts est composée l'existence d'un officier qui tient à remplir dignement son rôle.

Nous avons complétement laissé de côté jusqu'ici toute une catégorie de corps spéciaux d'infanterie : les corps disciplinaires, qui comprennent trois bataillons d'infanterie légère d'Afrique et cinq compagnies de discipline; la légion étrangère.

La légion étrangère reçoit les étrangers qui s'engagent au service de la France; ils peuvent y obtenir, au titre étranger, les grades de sous-lieutenant, lieutenant et capitaine; mais à partir de ce grade ils doivent être admis au titre français et peuvent alors être versés dans des corps de toutes armes.

Les bataillons d'infanterie légère d'Afrique reçoivent les hommes qui, postérieurement à leur incorporation, ont subi des peines et y terminent leur temps de service en sortant des établissements pénitentiaires. Chaque bataillon compte 1,500 hommes environ qui ont une moyenne de six condamnations; on voit que l'on n'en peut confier le commandement au premier venu. Ils sont employés dans les postes de l'Algérie méridionale et rendent de grands services pour les coups de main. Dernièrement, la *France militaire* rappelait qu'à Mouzaïa, un détachement de condamnés arrivant de France et qu'on n'eut pas le temps d'incorporer, fut chargé de la garde, dans une méchante redoute en terre, des blessés, du trésor et de l'artillerie du corps expéditionnaire du maréchal Clauzel. Ils se conduisirent admirablement, furent grâciés et l'un d'eux obtint la croix de la Légion d'honneur : on les appela les *Chamborans du père Marengo*, du nom de l'officier qui les commandait. Toutefois il est bien évident que ce n'est là qu'une exception et que ces têtes brûlées sont aussi facilement disposées à tirer sur leurs officiers que sur l'ennemi.

Les compagnies de discipline reçoivent les hommes dont l'inconduite habituelle exige l'exclusion des corps auxquels ils appartiennent. Il y a quatre compagnies de fusiliers et une de pionniers; celle-ci est au Tonkin, les premières en Algérie.

Les fusiliers sont soumis à un régime corporel très pénible; ils sont armés et font des exercices et des marches fréquentes. Les pionniers, eux, sont employés à des travaux d'utilité publique.

Leurs commandants ont les droits disciplinaires d'un colonel et les cadres peuvent leur infliger des punitions doubles de celles infligées dans les troupes. Tous les moyens moraux doivent être employés pour les amener à récipiscence et ceux qui se conduisent bien peuvent être réintégrés à leur ancien corps.

Là, comme aux bataillons d'Afrique, il faut des officiers ayant une main de fer et un sang-froid imperturbable car, à chaque instant, leur vie peut se trouver menacée. Il y a actuellement à l'état-major du ministère de la guerre un chef de bataillon qui, étant capitaine, commandait une compagnie de disciplinaires.

Un jour, en colonne, dans le sud, on marchait depuis plusieurs heures sans rencontrer une goutte d'eau et les provisions étaient épuisées. Un disciplinaire murmurant, tous firent chorus ; d'un bond de son cheval il fut auprès de celui qui s'était plaint et, avant qu'il eût pu faire un geste, l'étendit raide d'un coup de revolver. L'affaire fut portée à la connaissance du ministre qui le félicita de son énergie.

Et maintenant, choisissez ; entre les lignards, les chasseurs à pieds,

. . . .
>Les Turcos, rois de la bataille,
>Du pays, rudes défenseurs,
>Les Zouaves, soldats épiques,
>Dignes fils des morts héroïques
>De Malakoff et Zaatcha.

Tous, quels qu'ils soient, ont leur tâche à remplir ; d'ailleurs, on passe d'un corps dans l'autre, sans oublier les troupes coloniales : infanterie de marine, tirailleurs annamites et sénégalais, troupes spéciales au Tonkin et à Annam.

XI

Que fait un officier de cavalerie ? — Composition de la cavalerie. — Cavalerie légère et grosse cavalerie. — L'uniforme de la cavalerie.— Grave question ! — Pantalon à pont et pantalon à brayette. — Le *chic* et le travail. — Question de boutons. — Dragons. — Cuirassiers. — Formation de la cavalerie. — Instruction. — Le général Foy. — Le général Espagne. — Sapeurs de cavalerie. — Les chasseurs d'Afrique à Sedan. — Le rêve du spahi.

« Le service de la cavalerie, dit le général Le Couturier, flatte en général la jeunesse plus que celui de l'infanterie ; il paraît plus agréable sans doute. Le service de l'homme à cheval est plus fatigant que celui de l'homme qui sert à pied ; mais il offre des avantages, des agréments et de l'aliment à l'amour-propre ; c'est une compensation. »

Sous l'ancien régime, les guerres se faisaient surtout avec la cavalerie ; à la fin du xvii⁰ siècle, le nombre des régiments de cette arme dépassait quatre cents, non compris les régiments étrangers et les dragons qui n'étaient alors que des fantassins montés.

A la veille de la Révolution, elle comprenait divers corps : la grosse cavalerie, qui en formait la masse, les dragons, les chasseurs, les hussards et les carabiniers. Bonaparte, qui l'utilisa fréquemment, la réorganisa et créa, en tant que corps indépendant, les cuirassiers qui, jusque là, n'étaient que des régiments de grosse cavalerie portant la cuirasse mais ne constituant pas une arme distincte.

Au fur et à mesure que de nouvelles provinces étaient incorporées à la France, des corps nouveaux de cavalerie étaient mis à la suite des nôtres : dragons piémontais ou toscans, cuirassiers hollandais, lanciers de Poniatowski, etc...

Nous avons eu ensuite, à diverses époques, et plus particulièrement sous le second Empire, de nombreux corps de cavalerie : lanciers, guides, hussards de diverses couleurs, qui constituaient des corps d'élite incorporés à la garde impériale et composant en toutes circonstances les escortes officielles du souverain et de sa famille.

De même qu'elle amena la création de troupes spéciales d'infanterie, la conquête de l'Algérie occasionna la formation des chasseurs d'Afrique en 1831, et, trois ans plus tard, celle des spahis.

La cavalerie est beaucoup plus coûteuse à entretenir que l'infanterie, plus longue à instruire, plus difficile à recruter et présentant moins de ressources que celle-ci. Autrefois, elle agissait de deux façons : par la vitesse et par le choc, ce qui nécessitait, d'une part, des montures rapides et des hommes légers; de l'autre, des chevaux robustes et des cavaliers solides. Les chevaliers tout bardés de fer agissaient par le choc; mais à mesure que les armes à feu se perfectionnent, la puissance de cette action diminue. La cavalerie ne peut plus charger, aujourd'hui que les formations en ordre dispersé sont les seules employées; elle est à la merci du fantassin qui la voit venir de loin et peut atteindre facilement dans la masse compacte que forment les escadrons, hommes et chevaux.

Il existe dans toutes les armées étrangères, au moins deux sortes de cavalerie : la grosse cavalerie et la cavalerie légère; en France, nous comptons en outre des corps mixtes ou de ligne.

L'emploi du choc, avons-nous dit, est à peu près fini ; c'est la vitesse seule que l'on cherche à obtenir maintenant et c'est aux régiments de cavalerie légère que l'on s'adresse pour cela. La grosse cavalerie subsiste encore pour intervenir dans les moments critiques, comme à Reischoffen en 1870, afin d'opposer une barrière à l'ennemi et de permettre à l'armée de se retirer ; quant à la cavalerie mixte, elle peut être appelée à remplir indifféremment l'un ou l'autre rôle.

La cavalerie française se compose, de même que l'infanterie, des troupes spécialement affectées au service de la métropole, des troupes attachées à celui de l'Algérie et d'autres faisant le service dans l'une et dans l'autre.

Les premières comprennent 12 régiments de cuirassiers et 26 de dragons ; les dernières 20 régiments de chasseurs à cheval et 12 de hussards; quant aux corps d'Algérie ce sont : 4 régiments de chasseurs d'Afrique et 4 de spahis, à raison d'un par province et un pour la Tunisie.

Pourquoi a-t-on diverses sortes de troupes à cheval ? Cette diversité tient à l'obligation où l'on est de pourvoir aux divers rôles de la cavalerie et aussi à la nécessité d'incorporer des hommes de statures différentes et d'utiliser des chevaux de tailles très diverses. La grosse cavalerie, par exemple, reçoit les hommes de haute stature, les chevaux les plus forts ; les premiers doivent pouvoir porter :

> La cuirasse d'acier qui bombe la poitrine,
> Et jette à chaque pas des éclairs aveuglants;

les seconds doivent être en état de supporter la

12.

charge de l'homme et de son équipement; or, la cuirasse, à elle seule, pèse déjà 6 à 7 kilogs et le poids moyen total du cavalier en tenue de campagne est de 150 kilogs.

En 1880, on a tenté de supprimer la cuirasse en alléguant qu'en campagne il arrivait souvent que les hommes la jetaient eux-mêmes, comme à Arlon en 1792, par exemple, et surtout que, la charge en ligne devant être excessivement rare désormais, il n'y avait pas de raison d'en imposer le fardeau aux cavaliers et la dépense à l'État. Six régiments se virent donc retirer leurs cuirasses et furent armés de carabines, mais on en revint promptement à l'ancien règlement, on les leur rendit trois ans plus tard.

Les officiers de cavalerie peuvent être divisés en deux catégories : les uns, appartenant à des familles aristocratiques ou très riches, sortis de Saint-Cyr ou du rang, fusionnant parfaitement une fois sous-lieutenants, généralement classés dans les chasseurs et les hussards, quelquefois dans les dragons, mais très exceptionnellement dans les cuirassiers; les autres, fils de gens de la campagne, sans fortune et sans titres, appartenant presque tous aux cuirassiers et laissés de côté par les premiers.

Les chasseurs et hussards avaient sous le Consulat des costumes resplendissants : l'été, gilet de piqué blanc, culotte hongroise de nankin galonnée de soie blanche sur la couture et trèfles chamarrés. En hiver, gilet et culotte de drap galonnée en argent, bottes à la hussarde, culotte de cheval à pont sur le premier pantalon également à pont.

« Se fait-on l'idée, dit Longuet, d'un homme enfermé dans deux pantalons à pont ? Quelle opération difficile en cas de besoin ! La brayette de nos ancêtres avait disparu comme indécente. Sous la Restauration, un général de l'Empire a osé venir dans le monde avec un pantalon à brayette. Quelle rumeur il a causée ! Quelles épithètes il s'est attirées ! Et bientôt, ses accusateurs ont suivi le mouvement. »

De tout temps, la question d'uniforme a été

une chose très importante dans la cavalerie ; nos lecteurs se souviennent du soin avec lequel Napoléon Ier choisit lui-même l'uniforme des élèves de l'école de Saint-Germain.

>Autrefois, les hussards brillaient par leur costume,
>Il faudrait un pinceau bien plutôt qu'une plume,
>Pour peindre leurs couleurs...

a dit M. Paul Bruyère dans ses *Chansons de guerre*. En effet, rien n'est plus pittoresque, plus chatoyant que la succession, avec les modifications que chaque régime y apporta, des divers uniformes des régiments de cavalerie légère : guides aux kolbach d'astrakan, lanciers à chapskas et à banderolles multicolores au bou de leurs longues lances, hussards et chasseurs de toutes les époques.

Actuellement, il n'y a aucune différence d'armement entre ces derniers ; l'uniforme lui-même n'est différencié que par le col et les brandebourgs, et le maintien de ces deux subdivisions dans la cavalerie légère est une concession faite à des traditions de corps, respectables jusqu'à un certain point, mais qui doivent disparaître en face des simplifications résultant de la communauté absolue d'uniforme, quant à la mobilisation.

Les hussards et les chasseurs, avons-nous dit, sont le *refugium peccatorum* des fils de nobles familles. Aussi faut-il y chercher plus de luxe et d'orgueil, plus de désir de faire du *chic*, que de mérite et de travail. Du reste, à de rares exceptions près, il en a toujours été ainsi dans ces deux armes.

« Les hussards, dit Longuet, ont toujours eu le privilège de faire tourner la tête aux jeunes gens. A leur âge, on est heureux d'avoir une sabretache et force boutons sur la poitrine. Ils en ont perdu sous l'Empire; les pelisses et les dolmans avaient cinq rangées de boutons et les pantalons, au lieu d'une couture, étaient boutonnés du haut en bas. Aussi voyait-on quatorze régiments de hussards tous au grand complet. »

Les plus intelligents et les plus travailleurs

des officiers de cavalerie sont assurément ceux des régiments de dragons. Dans l'origine ils étaient, on le sait, employés comme une sorte d'infanterie à cheval que l'on envoyait se porter rapidement sur un point décisif; ils mettaient pied à terre, tiraient et, selon le cas, remontaient en selle ou se maintenaient en position. Aujourd'hui, on les emploie plutôt à seconder la cavalerie légère que la grosse cavalerie. Ils sont d'ailleurs, comme les chasseurs et les hussards, armés du sabre de cavalerie légère et de la carabine ; les officiers ont tous le revolver.

Les cuirassiers sont évidemment destinés à disparaître dans un avenir prochain, quoique la tentative de 1880 n'ait pas été trouvée satisfaisante. L'Allemagne est seule, avec nous, à en compter encore dans sa cavalerie. Comme défilé, comme coup d'œil, formant une escorte, un régiment de cuirassiers qui,

> Sombre et pesant d'orgueil, défile fièrement
> . . . . et va, musique en tête,
> Répandant à l'entour comme un bruit de tempête,

est magnifique et produit un effet grandiose :

> . . . Les lourds escadrons, impassibles et lents,
> Se succèdent au pas, allant de gauche à droite,
> Avec leurs officiers dans la distance étroite,
> Si bien que le passant sur la route arrêté,
> Cependant qu'il peut voir s'éloigner d'un côté
> Des croupes de chevaux et des dos de cuirasses,
> Voit de l'autre, marchant de tout près sur leurs traces,
> S'avancer, alignés comme par deux niveaux,
> Des casques de soldats et des fronts de chevaux.

Mais quelle sera leur utilité désormais? Avec la puissance de tir des armes portatives et des bouches à feu, aura-t-on occasion de se joindre et que pourront les cuirassiers eux-mêmes, maintenant que l'on annonce l'invention d'un fusil dont le projectile traverse une plaque d'acier de deux centimètres d'épaisseur?

Les régiments de cavalerie de France sont groupés, comme ceux d'infanterie, deux par deux; ils forment ainsi trente-cinq brigades dont dix-huit, attachées aux dix-huit corps d'armée, comprennent un régiment de dragons et un de cavalerie légère et dix-sept, formées de corps de même arme, constituent des divisions indépendantes.

L'unité tactique, c'est-à-dire la masse qu'un chef unique peut commander directement et que nous avons dit être le bataillon, dans l'infanterie, est, dans la cavalerie, l'escadron. Chacun des régiments de France en compte cinq dont quatre constituent la fraction mobile entrant de suite en campagne et le cinquième le dépôt jouant le même rôle que celui des corps d'infanterie.

Tous les régiments de cavalerie reçoivent la même instruction, guidée par ce principe que son rôle est essentiellement offensif et que ce n'est qu'incidemment qu'il peut devenir défensif, dans des situations tout exceptionnelles et accidentelles.

« Le résultat des études et des recherches entreprises à la suite de la guerre de 1870 a été de faire du service de sûreté et d'exploration en avant des armées le mode d'action principal de la cavalerie. C'est une mission délicate, difficile à remplir, exigeant des qualités physiques et intellectuelles telles, que l'on peut affirmer que le rôle de la cavalerie, loin d'avoir perdu de son importance, s'est au contraire élevé. Ce service d'exploration laisse aux officiers de tous grades une responsabilité considérable et aux hommes de troupe une grande initiative individuelle. »

De cet exposé il résulte donc que le rôle de l'officier de cavalerie consiste à enseigner l'équitation à ses hommes, et leur apprendre le maniement du sabre et de la carabine ou du revolver et, en outre, à développer chez eux les facultés d'observation et l'initiative individuelle.

Bien que le général Foy ait écrit :

« Comme on cultive avec des bœufs la plus grande partie de notre sol, les Français ne naissent pas cavaliers et ils ont peine, à cause de leur vivacité inquiète, à s'identifier avec le cheval », les jeunes soldats arrivent généralement assez vite à monter d'une façon suffisante. Disons que cela tient beaucoup à l'excellence de notre enseignement et au zèle avec lequel les officiers de cavalerie s'occupent de tout ce qui a trait à la science hippique. Les séances de manège sont celles qui les passionnent le plus ; mais, à côté de l'équitation, il y a l'instruction militaire générale, identique à celle que nous avons vu donner au fantassin et l'instruction spéciale qui comprend le maniement d'armes à pied et à cheval et, en outre, la connaissance de l'exercice du sabre et de la carabine. On le voit, un cavalier a plus à apprendre qu'un fantassin.

A ce propos, la cavalerie a moins de modification dans ses méthodes d'instruction que l'infanterie ; la plupart des principes encore en vigueur aujourd'hui datent de Murat, de Lassalle, de Latour-Maubourg. Il est évident, par exemple, que les charges de cuirassiers de 1870 se sont faites dans les mêmes conditions que celles d'Eckmühl et d'Essling où le général Espagne, commandant les cuirassiers, se trouva blessé en recevant du maréchal Lannes l'ordre de *charger à fond*, « n'ayant pas, dit-il, l'habitude de charger autrement. » Nous l'avons vu à Reischoffen ; c'était de tradition.

Pourtant, si l'instruction en temps de paix et le maniement du sabre n'ont pas changé, l'emploi des armes à feu a varié et aussi le fonctionnement du service en campagne car, comme l'écrivait de Brack, parlant du premier Empire :

« A cette époque toute d'action, la théorie proprement dite n'entrait que pour la centième partie dans l'instruction ; les dangers, l'expérience de tous les jours, se chargeaient des quatre-vingt-dix-neuf autres. »

Les officiers de cavalerie sont donc obligés de se tenir au courant de ces modifications, surtout avec la tendance actuelle qui voudrait que chaque arme pût subvenir elle-même à ses propres besoins.

C'est ainsi que, récemment, le ministre de la guerre a créé dans chaque escadron des sapeurs de cavalerie réunis sous les ordres d'un officier du corps ayant suivi des cours spéciaux et permettant à une troupe à cheval, à l'exemple des Américains lors de la guerre de sécession, de détruire une voie ferrée, une ligne télégraphique, de construire des ponts pour le passage des cours d'eau de peu d'importance, sans être obligée d'attendre l'arrivée des pontonniers ou des troupes du génie.

Les troupes spéciales d'Algérie comprennent, pour la cavalerie, outre des détachements de chasseurs à cheval et de hussards appartenant aux corps stationnés en France, quatre régiments de chasseurs d'Afrique et quatre de spahis à six escadrons.

Les régiments de chasseurs d'Afrique sont uniquement composés, cadres et troupes, de Français, dont beaucoup sont des engagés volontaires. Ils sont détachés dans les postes de l'intérieur; montés en chevaux arabes, ils avaient été créés pour faire concurrence aux cavaliers indigènes dont la rapidité et l'audace sont proverbiales. Ils ont mieux conservé que les zouaves, auxquels ils correspondent, leur caractère primitif de troupe d'élite. En 1870, ils ont brillamment maintenu leur valeureuse réputation, notamment à Sedan, ce qui a inspiré à Ogier d'Ivry le sonnet suivant :

Quand les chasseurs d'Afrique, à Sedan, s'ébranlaient
Contre des régiments qui restaient en muraille,
En croupe, derrière eux, l'honneur de la bataille
Galopait... et vingt ans de passé s'écroulaient..

Les petits chevaux gris, en fourrageurs volaient...
Gamelles et bidons ricochant la mitraille,
Cliquetis de fourreaux... clameurs! bruit de ferraille
En obscurs tourbillons vers l'ennemi roulaient.

Les chevaux démontés revenaient à la file
Hennissant à l'écho lointain d'Orléansville,
Le ralliement sonnait dans tous les escadrons;

Et sous ce vent de fer — qui passe — et qui les couche,
Un soldat s'écriait, impassible et farouche :
« Tant qu'il reste un chasseur debout... nous chargerons!»

La grande force du chasseur d'Afrique tient à son assimilation complète avec sa monture; il en est de même du spahi.

Les régiments de spahis sont, comme ceux de tirailleurs, composés d'indigènes commandés par un cadre en partie français, en partie arabe,

Outre le service militaire ordinaire, ils sont chargés de la police des routes, de la sûreté des campagnes, de la surveillance des tribus, du service postal des points d'occupation les plus avancés. Les régiments de spahis sont mieux composés que ceux de tirailleurs; les indigènes étant tenus d'amener leur cheval en s'engageant doivent, par cela même, posséder un petit avoir. Ils sont généralement mariés.

Des escadrons de spahis, les uns sont mobiles, les autres sédentaires constituant des *smalahs*, véritables petites villes où les cavaliers cultivent leurs terres tout en faisant leur service; on rencontre encore parmi eux un nombre assez considérable de fils de Grande-Tente que le désir de porter l'uniforme et l'espoir d'arriver officier y font entrer.

« Faire parler la poudre » et se livrer à cheval à toutes sortes d'extravagances qui feraient la fortune d'un cirque, tel est le rêve du spahi indigène, soldat ou officier. Les uns et les autres luttent de magnificence dans l'ornementation de leur ville, l'éclat de leurs costumes ; ce qu'il y a de plus dur pour le simple cavalier c'est de se plier à l'ordonnance ; aussi, quand il a la chance d'arriver sous-lieutenant se rattrape-t-il largement! Cette existence est la plus pittoresque et la plus intéressante que l'on puisse rencontrer. Vie libre et indépendante, dégagée des petits tracas de la discipline stricte de la caserne, existence au grand air partagée entre la chasse, les promenades,

> Explorant du désert la muette étendue
> Et visitant sans bruit les postes reculés,

La tendance actuelle est de ramener les divers corps de cavalerie à un seul type comprenant des régiments montés de façons diverses mais homogènes ; cette disposition que l'on semble vouloir accueillir était déjà exprimée en 1867 par le général Trochu qui, dans un livre mémorable, concluait ainsi : « Réorganiser la cavalerie par les procédés d'allègement indiqués, supprimer conséquemment ces solides et imposants cavaliers que nous appelons affectueusement les *gros frères* et dont l'armée est fière à juste titre, c'est une réforme « qui trouvera une grande contradiction », comme dit le général Morand. J'irai plus loin, je crois qu'elle soulèvera une tempête... Comment oublier les charges écrasantes d'Eylau, de Borodino, de Waterloo, qui ont fait aux cuirassiers d'autrefois une histoire légendaire?... Je suis loin d'être indifférent à la grandeur et à la poésie des souvenirs militaires du passé, mais le présent à des exigences qui sont positives et qui sont impérieuses. »

XII

Que fait un officier d'administration ? — Gestionnaires et non-gestionnaires. — Nourriture des hommes et des chevaux. — Pain et fourrage. — Hôpitaux. — Histoire d'un officier de garde et de Jésus-Christ. — Comment on habille les troupes. — Petits pieds et grands souliers. — Becs de gaz et machines à signer. — L'art de faire un rapport. — Quelques chiffres.

Nous l'avons dit dans un de nos précédents chapitres, les fonctions des officiers d'administration sont multiples et diverses. Les uns sont chargés de pourvoir à la nourriture des hommes et des animaux : service des subsistances; les autres, service des hôpitaux, ont mission de préparer tout ce qui est nécessaire au soldat malade pour qu'il reçoive dans les meilleures conditions matérielles possibles, les soins des médecins. Ceux-ci font fabriquer les draps, toiles, etc... nécessaires à la confection des vêtements des troupes et en surveillent l'emploi, ils leur fournissent également ce qui leur est nécessaire en objets de campement, c'est le service de l'habillement et du campement. Enfin, sous les ordres immédiats des fonctionnaires de l'Intendance qui — sauf pour les hôpitaux — sont les directeurs officiels, sinon réels, de ces services, se trouve une quatrième catégorie, celle des officiers des bureaux de l'Intendance.

Les officiers d'administration peuvent, suivant le caractère général de leurs fonctions, se diviser en deux grandes classes : les gestionnaires et les non-gestionnaires. Dans la première nous rangerons ceux qui sont attachés aux trois services des subsistances, des hôpitaux et de l'habillement, dans la seconde ceux des bureaux de l'Intendance. Le rôle des uns et des autres diffère absolument. Les premiers ont charge d'un matériel parfois fort considérable, ils sont détenteurs et conservateurs d'approvisionnements de toutes natures qui atteignent dans certains cas jusqu'à vingt-cinq et trente millions; outre la comptabilité de leur service, ils ont à acheter, faire fabriquer, entretenir, distribuer, les uns des vivres et des fourrages, les autres des vêtements et du harnachement. Les seconds, au contraire, n'ont absolument qu'un service de bureau, service de vérification exercé au nom du fonctionnaire de l'Intendance sous les ordres duquel ils sont placés.

Cette variété de fonctions entraîne des différences de caractère et de situations très grandes. Les officiers gestionnaires — on entend par gestion l'exécution d'un service — ont une responsabilité pécuniaire absolue; ils sont *comptables* des deniers publics et, comme tels, justiciables de la Cour des Comptes. Cette responsabilité, nous le rappelons, a motivé pour eux le dépôt d'un cautionnement garantissant l'État des pertes auxquelles ils peuvent l'exposer et en compensation duquel, pendant longtemps, ils reçurent une indemnité spéciale dite : prime de gestion, supprimée en 1882.

Depuis Frédéric II, qui disait que « le ventre est la base des armées », jusqu'au général de la Révolution écrivant au Directoire: « Pas de pain, pas de lapins », tous les chefs d'armée ont considéré la question d'alimentation de leurs troupes comme une des grosses questions à résoudre. En temps de paix, les choses vont tout naturellement; en campagne, c'est différent.

Le service des subsistances est chargé en temps de paix de la fabrication du pain et du biscuit, de la conservation et de la distribution aux troupes des légumes secs, du riz, du café, du sucre, du vin, de l'eau-de-vie; de l'achat, de la conservation et de la distribution des denrées fourragères. L'exécution de ce service comporte l'existence de deux sortes d'établissements : les manutentions et les parcs à fourrages et d'un personnel spécial : les soldats d'administration.

Les troupes d'administration portent le nom des sections de commis et ouvriers ; le commandement en est exercé par un officier de première ou de deuxième classe du service des subsistances, assisté d'un ou de deux adjoints. Ces hommes sont recrutés directement, lors de la formation du contingent, envoyés au dépôt de la section et reçoivent par les soins du commandant de section l'instruction militaire élémentaire pendant une durée de trois mois. Leurs classes terminées, ils sont répartis les uns comme commis, les autres comme ouvriers dans les établissements des subsistances, de l'habillement, ainsi que dans les sous-intendances.

Toutes les places où l'effectif de la garnison est assez considérable ont une manutention militaire; cependant, depuis quelques années, nombre d'entre elles ont été supprimées et la fourniture du pain aux troupes a été confiée, comme dans les centres peu importants, à l'entreprise civile. Il est à remarquer ce fait qui, depuis la militarisation du service des subsistances, s'est reproduit régulièrement, c'est qu'immédiatement après chaque guerre, le personnel militaire de ce service a été considérablement augmenté; puis, au bout d'une certaine période de paix, afin de réaliser quelques économies — l'entreprise, *en temps de paix*, revient en effet meilleur marché que la gestion directe par l'État — réduction des cadres et appel à l'entreprise particulière qui, ajoutons-le, si elle est plus économique, donne aussi aux troupes des produits bien inférieurs à ceux provenant de la fabrication militaire.

A la tête de chaque manutention est un officier d'administration comptable qui, sous la direction nominative de l'Intendance et d'après les ordres qu'il en reçoit, fabrique chaque jour les quantités de pain et de biscuit qui lui sont commandées. Les grands établissements reçoivent le blé des négociants qui en ont obtenu la fourniture à la suite d'une adjudication publique; ils en vérifient la qualité, l'emmagasinent soit dans des *silos*, soit dans des locaux spéciaux, surveillent sa conservation et le font transformer en farine dans la manutention pourvue de moulins.

Les établissements de moindre importance reçoivent leur blé et le font moudre immédiatement ou peu à peu par des meuniers civils qui doivent rendre en échange de la quantité de grain qu'ils reçoivent un poids de farine déterminé expérimentalement et qui constitue le *rendement*.

La fabrication du pain s'exécute maintenant à la machine dans presque toutes les manutentions sauf, peut-être, dans certaines petites places de l'Algérie. Les pétrisseuses mécaniques sont de différents modèles; certaines peuvent marcher à la main ou à la vapeur, d'autres exigent l'emploi de cette dernière.

Le biscuit, lui aussi, se frabrique complétement à la mécanique; c'est du pain sans levain et sans sel. La pâte pétrie passe dans des moules qui lui donnent la forme que l'on sait, elle est alors enfournée puis mise *ressuer*, c'est-à-dire sécher et le produit de la fabrication est distribué ou encaissé.

Les manutentions, outre ce service, ont, avons-nous dit, la conservation et la distribution de diverses denrées : sucre et café, liquides, etc... il faut y joindre celle des conserves de toutes natures, constituant les approvisionnements en cas de mobilisation, et mises en consommation en temps de paix quand il y a lieu de craindre qu'elles ne s'avarient.

Enfin, le service des vivres se charge du chauffage et de l'éclairage des troupes, mais à part quelques petits postes de l'Algérie, l'un et l'autre sont confiés à des entrepreneurs civils.

La conservation et la distribution des fourrages aux corps de cavalerie se font dans les parcs à fourrages dirigés et organisés comme les manutentions dont, en général, à part dans les villes très importantes, ils ne constituent que des annexes. Les denrées livrées : foins, fourrages, paille, avoine, etc... sont examinées sérieusement avant leur réception tant au point de vue de la dessication que de la qualité et de l'absence de tout végétal vénéneux. Les denrées sont conservées en tas sous des hangars ou en meules ;

le foin et la paille pour être distribués sont mis en bottes d'un poids déterminé et même, quand le foin est destiné à être transporté à une certaine distance, il est comprimé à l'aide de presses spéciales et mis en balles.

On voit toute l'importance du service des subsistances et quelles sont les connaissances spéciales que doivent posséder ceux qui, s'ils n'en ont pas la direction officielle et honorifique, l'exercent du moins réellement; il faut donc que, dès le temps de paix, les cadres en soient solidement constitués; toutes les guerres l'ont démontré. Or, c'est précisément le contraire que l'on a fait.

Il fallait consolider, on a démoli; sous prétexte d'économiser deux cent mille francs par an — au préjudice immédiat de la nourriture des troupes — on s'expose à de graves accidents en cas de guerre car il faut bien se pénétrer de ceci, c'est que toute conflagration entre deux grandes puissances comme la France et l'X qui se dressera devant elle, aura pour éléments de succès ou d'insuccès ces trois choses : chemins de fer, artillerie, alimentation.

S'il est de première nécessité que le soldat ne reste pas le ventre creux, il est évidemment utile qu'il ait conscience qu'en cas d'accident il sera recueilli et bien soigné. Cette conviction double son courage et le soutient dans les fatigues et les périls de la lutte. En temps de paix, le soldat est soigné à l'infirmerie régimentaire, par le major de son régiment, quand il est peu atteint; à l'hôpital quand la chose devient plus grave.

Les hôpitaux, on le sait, sont dirigés par un médecin qui porte le titre de médecin-chef et qui a sous ses ordres des médecins-traitants et des pharmaciens et des officiers d'administration : c'est du rôle de ces derniers que nous allons parler. Le chef du service administratif de l'hôpital est l'officier-comptable. Il est chargé, assisté en cela par un certain nombre d'officiers d'administration adjoints, de la discipline, de l'entretien, de l'approvisionnement de l'établissement.

Le médecin ne doit avoir à s'occuper que du traitement de ses malades. Le service d'un hôpital comporte pour les officiers d'administration : l'éducation et l'instruction technique des infirmiers, le service de garde, la comptabilité de l'établissement.

Les infirmiers sont, comme les soldats d'administration, organisés en sections et recrutés de même; ils reçoivent au dépôt du corps l'instruction militaire mais, quand ils arrivent à l'hôpital auquel ils sont affectés, s'ils sont aptes à faire des soldats d'infanterie, ils ne sont nullement préparés à leur service spécial; c'est là que commence le rôle de l'officier d'administration.

Manœuvres de brancards, connaissance des diverses sortes de voitures d'ambulance usitées en temps de guerre : voitures de transport de blessés, d'administration, de chirurgie, etc... emploi du cacolet et de la litière, transports à bras, manière de confectionner des brancards ou des appareils grossiers pour les blessures spéciales, quand on n'a que des objets quelconques sous la main; développement de l'initiative des infirmiers ; on le voit, il y a de quoi faire.

Quant au service de garde, il doit y avoir constamment, jour et nuit, dans l'hôpital, un officier d'administration chargé de faire des rondes, de maintenir le bon ordre, de parer aux événements et de représenter le médecin-chef et le comptable en cas d'absence momentanée.

Le rôle d'officier de garde n'est pas toujours drôle et exempt de dangers. On nous racontait qu'il y a quelques années, se trouvait dans un des hôpitaux de Paris; un lieutenant de dragons, fils d'un général bien connu, en traitement pour aliénation mentale. Ce malheureux, dont les sentiments religieux étaient arrivés à un degré extraordinaire d'exaltation, prétendait être Jésus-Christ et voulait à chaque instant, s'envoler au ciel, en sautant par sa fenêtre située au troisième et munie, heureusement, de barreaux. Il avait un planton sans cesse auprès de lui; un jour, il lui dit d'aller chercher l'officier de garde, qu'il désirait lui parler. L'infirmier, sans méfiance, exécute cet ordre et oublie de fermer la porte du cabanon; par bonheur, l'officier de garde venu d'un autre côté, passait par là et arrivait devant un cabinet, voisin de la chambre du lieutenant, au moment où celui-ci engageait déjà une jambe par une lucarne donnant sur la cour. Le lieutenant était grand et fort, l'officier de garde petit et fluet; il bondit sur lui, l'attrapa à bras le corps et, sous cette action inattendue, le fou tomba dans la chambre; furieux, il se releva, une lutte s'engagea, d'autant plus terrible qu'il voulait entraîner l'autre avec lui et que l'infirmier ne trouvant pas l'officier de garde dans sa chambre, le cherchait dans l'hôpital et ne revenait pas. Heureusement, des officiers malades occupant un local situé sous celui où avait lieu le pugilat, furent réveillés par le bruit, sonnèrent l'infirmier de garde qui monta et aida à réintégrer l'aliéné dans son cabanon. Un mois après, du reste, à la veille de son transfert à Charenton, il réussit à exécuter son projet, sauta par la même lucarne par laquelle il avait déjà tenté de passer et se tua net dans sa chute de trois étages.

Au point de vue administratif, le service d'un hôpital se divise en plusieurs parties; l'une, relative à la fourniture, l'entretien et la surveillance du matériel, l'autre aux dépenses et achats pour la nourriture des malades ou les soins à leur donner; la troisième, au contrôle de l'entrée, de la sortie et du séjour qu'y peuvent faire les militaires de tout grade.

Outre le service hospitalier, les officiers d'administration des hôpitaux sont aussi employés dans les directions de santé, les magasins centraux et de réserve de matériel et de médicaments. Le projet du général Boulanger doit les rattacher complétement à la médecine sous le titre d'officiers d'administration du service de santé; de cette façon, ils sortiront de la situation bizarre où on les a placés en 1882 : notés par les Médecins, classés par les Intendants, il suffisait, vu l'animosité des uns contre les autres, d'être bien noté par les premiers pour n'être pas proposé par les seconds... et *vice versa*.

Le service de l'habillement et du campement a pour objet de fournir aux hommes de troupe les vêtements, effets de grand équipement, coiffures, linge et chaussures, effets et ustensiles de campement qui leur sont nécessaires ; en outre, tout ce que nécessite le harnachement des chevaux de la cavalerie et de l'infanterie.

Ces diverses catégories d'objets, examinées, reçues, conservées et expédiées, à mesure que se produisent des besoins, dans les différentes directions, selon les ordres transmis par l'intendance, sont emmaganisées dans des établissements spéciaux gérés, comme ceux des subsistances et du service de santé, par des officiers d'administration du service de l'habillement et du campement.

La confection des effets d'habillement est exécutée par l'industrie civile avec laquelle l'administration de la guerre passe des marchés d'une durée généralement assez longue. Les adjudicataires doivent, naturellement, offrir des garanties très sérieuses ; on leur fournit les draps, toiles et autres matières premières nécessaires aux commandes à exécuter. Ces divers tissus sont également fabriqués dans les mêmes conditions par des industriels civils qui en obtiennent l'adjudication. La surveillance de la fabrication est exercée dans les manufactures elles-mêmes par des officiers d'administration du service de l'habillement et des experts civils ainsi que par les fonctionnaires de l'intendance. En outre, lors de chaque livraison de drap ou de toile, les pièces sont examinées une à une dans les magasins généraux ou centraux par des commissions spéciales composées d'officiers des corps de troupes et d'officiers d'administration ou d'experts et soumises à des expériences destinées à garantir qu'elles remplissent toutes les conditions imposées aux adjudicataires par le cahier des charges.

Les effets confectionnés sont également examinés avec le plus grand soin, soumis à certaines expériences et la fabrication en est surveillée dans les ateliers mêmes des entrepreneurs.

La plus importante des maisons de ce genre est la maison Godillot qui fabrique non-seulement les vêtements mais aussi la chaussure, la coiffure, les objets d'équipement de toutes sortes. En maintes circonstances et particulièrement à l'époque des guerres, on s'est plaint de l'exécution des marchés d'habillement. Tout le monde se souvient, en 1870, des livraisons de souliers à semelles de cartons que l'Intendance avait acceptés les yeux fermés.

Souvent, il arrive que les commandes sont mal réparties, qu'on demande une trop grande quantité de certaines pointures et trop peu de certaines autres. C'est ce qui est arrivé ces dernières années ; devant l'énorme quantité de souliers que leur grande taille ne permettait pas d'utiliser, on s'est décidé à les ramener à une taille moins extraordinaire. La chose s'est faite partie par les entrepreneurs civils, partie par les ouvriers de corps de troupe; il y avait plus d'un million de paires à transformer qui ont causé à l'État une dépense supplémentaire de huit millions de francs et ont donné aux hommes des chaussures de mauvaise qualité dans lesquelles, dit le rapport de la commission du budget de 1885, « les clous des semelles ayant été déplacés, les trous primitifs ont été bouchés avec de la cire qui disparaîtra rapidement, l'eau pénétrera alors dans la semelle. »

On le voit, il est nécessaire que les officiers d'administration de l'habillement et du campement soient au courant des questions de fabrication, puissent reconnaître la valeur des draps et toiles qui leur sont livrés, sachent déterminer comment ceux-ci ont été tissés et teints et s'ils n'ont pas été enduits d'un apprêt quelconque. Les officiers du service des bureaux de l'Intendance, avons-nous dit, forment, par la nature de leurs fonctions, une catégorie distincte des trois autres branches du service. Répartis entre les différents bureaux des sous-intendants, ils sont chargés, sous la direction de ceux-ci, des travaux de vérification et de contrôle des comptabilités des divers services et des actes administratifs qui intéressent l'armée : marchés, adjudications, procès-verbaux, etc... A dire vrai, ils sont assez peu aimés des officiers de troupe et, même, de leurs camarades des services gestionnaires. Cela s'explique facilement par le rôle qu'ils jouent auprès d'eux, rôle qui se traduit généralement par des observations aigres-douces, des rectifications assaisonnées de reproches, lesquelles leur ont fait donner le surnom de « becs de gaz » parce qu'ils éclairent leurs collègues. A dire vrai, ce sont les officiers d'administration des bureaux de l'Intendance qui font tout le travail des fonctionnaires de ce corps ; le sous-intendant vient une heure par jour à son bureau, quand il vient, signe les pièces sans les lire les trois-quarts du temps et, s'il arrive quelque chose, se rattrape sur l'officier d'administration chef de service.

A Versailles, un sous-intendant militaire de 1re classe—colonel, s'il vous plaît—venait régulièrement chaque jour, vers quatre heures, à son bureau. Ouvrant la porte toute grande, il criait, quand il était de bonne humeur :

« Apportez vos papiers, voilà la machine à signer qui s'amène » et il disait vrai, non-seulement pour lui mais pour d'autres.

Les trois-quarts du temps, que se passe-t-il en effet ? Le ministre, je suppose, demande un rapport sur un projet ou une expérience quelconque ; il s'adresse au directeur du service de l'Intendance qui transmet au sous-intendant, lequel, s'il agit d'un essai relatif au service des subsistances, envoie la demande de son chef au comptable de la manutention sous ses ordres avec ces quelques mots :

« Transmis pour avis et exécution à monsieur l'officier d'administration comptable de X... qui voudra bien procéder aux expériences demandées et m'adresser un rapport circonstancié pour le... au plus tard. »

Les expériences faites, un officier d'administration du service établit le rapport, le comptable le signe, un *bec de gaz* le recopie en y mettant les points oubliés sur les i, le sous-intendant met son nom à la place de celui du comptable et trois mois après est proposé pour l'avancement au choix « pour l'intelligence et la lucidité avec lesquelles il établit ses rapports ».

Ceci est absolument exact et authentique.

Pour achever de donner une idée de l'importance des services confiés aux officiers d'administration, nous allons reproduire le chiffre des crédits accordés pour chacun d'eux par le budget de 1886 :

Service des subsistances....	Vivres........	57.000.000	
	Fourrages.....	75.000.000	136.000.000
	Chauffage et éclairage....	4.000.000	
Service des hôpitaux militaires............			11.000.000
Service de l'habillement et du campement........	Habillement et campement..	33.500.000	35.200.000
	Harnachement	1.700.000	
		Total........	182.200.000

XIII

Que fait un officier d'artillerie? — Etat-major particulier.
— Service réglementaire. — Le petit Alfred. — Gardes
et contrôleurs d'armes. — Directions et établissements.
— Manufactures d'armes. — Les armes portatives. —
Fusils à répétition. — Toujours de l'argent. — Bouches
à feu. — Le colonel de Bange. — Fonderies et forges.
Le dépôt de l'artillerie. — L'École de Pyrotechnie. —
Ceci tuera cela.

Les officiers d'artillerie ont un double service :
d'une part, le commandement et l'instruction des
troupes nombreuses et importantes chargées de
l'emploi des bouches à feu ; de l'autre, la direction ou la surveillance de la fabrication de celles-ci et des accessoires divers qu'elles entraînent :
substances explosibles et projectiles. Enfin, direction et surveillance de la fabrication des

armes portatives nécessaires à l'armée : fusils, revolvers, armes blanches, etc... et du matériel de transport.

Ils sont par suite divisés en deux catégories, la première, affectée au service régimentaire, comprenant des officiers de tous grades, la seconde, appelée : état-major particulier de l'artillerie, ne comptant que des officiers du grade de capitaine à celui de colonel et affectée au service de fabrication.

Ce double rôle exige, on le comprend, des connaissances spéciales très développées et une instruction générale scientifique reposant sur des bases sérieuses ; aussi, les officiers sortis du rang sont-ils, de préférence, affectés au service régimentaire plutôt qu'à celui des établissements.

L'artillerie, comme effectif, occupe le troisième rang ; c'est l'arme la plus coûteuse à entretenir, celle dont le recrutement est le plus long et le plus difficile et son importance croît chaque jour !

La proportion de l'artillerie en 1870-1871 était de quatre bouches à feu pour mille hommes ; ce chiffre tend à s'élever de plus en plus, ce qui, naturellement, est une cause considérable d'augmentation du budget de la guerre.

Notre artillerie comprend diverses catégories de troupe :

Seize bataillons à pied d'artillerie de forteresse, destinés spécialement à l'attaque et à la défense des places; leur création, en France, est toute récente.

Trente-huit régiments d'artillerie de campagne groupés deux à deux, à raison d'une brigade par corps d'armée, chaque brigade étant composée d'un régiment à douze batteries montées, pourvues de canons de 90 et d'un régiment à huit batteries montées, semblables aux précédentes, et trois batteries à cheval pourvues de canons de 80.

Deux régiments d'artillerie pontonniers, chargés de la confection des ponts de bateaux.

Dix compagnies d'ouvriers d'artillerie chargées de la construction du matériel de l'artillerie non exécutée par l'industrie civile.

Trois compagnies d'artificiers, employés à la fabrication des artifices, fusées, cartouches, etc... au chargement des projectiles.

Les hommes classés dans ces divers corps, subdivisés en batteries comprenant six pièces sous les ordres d'un capitaine, reçoivent par batterie, comme les fantassins par compagnie, l'instruction et l'éducation militaire générales et, en outre, apprennent l'équitation, le mouvement d'armes à pied et à cheval, la manœuvre du canon, l'emploi des diverses pièces et des projectiles de toutes sortes. On voit que, déjà, le service d'instructeur dans un corps d'artillerie n'est pas une sinécure. De plus, les hommes des corps de pontonniers, des compagnies d'ouvriers d'artillerie et d'artificiers, choisis, autant que possible, lors du recrutement, parmi ceux que la nature de leurs occupations antérieures y a déjà préparés, reçoivent une instruction spéciale leur permettant de rendre les services que l'on attend d'eux.

Le niveau général de l'artillerie est, en hommes de troupe comme en officiers, supérieur à celui des autres corps de l'armée. Nous ne voulons pas dire par là qu'il n'y ait pas d'officiers d'infanterie ou de cavalerie, voire même d'administration, qui, par leur intelligence et leur savoir, n'égalent ceux de l'artillerie ; il n'en manque pas, assurément, mais cette arme offre plus que les autres des garanties d'instruction générale et spéciale.

Aussi comprenons-nous à ce titre, ainsi qu'en raison du puissant intérêt qui s'attache aux diverses fonctions des officiers d'artillerie ou du génie, la préférence que beaucoup de jeunes gens leur accordent.

Nous aimons mieux l'attribuer à cette cause qu'à celle qu'un humoriste a imaginée en contant l'anecdote suivante :

« On demande au petit Alfred âgé de seize ans ce qu'il veut être.

— Militaire, dit-il.

— Bon, mais dans quelle arme ? ajoute-t-on.

— Dans l'artillerie !

— Et pourquoi cette préférence ?

— Parce qu'on y est mieux payé. »

L'état-major particulier de l'artillerie dont nous avons énuméré les multiples fonctions, comprend, outre des officiers de l'arme, depuis le grade de capitaine jusqu'à celui de colonel, diverses catégories de personnels ayant pour mission de les seconder dans leurs multiples attributions. Les premiers d'entre eux sont les gardes d'artillerie, agents d'exécution et de surveillance des travaux de l'arme, ils sont assermentés, remplissent les fonctions d'officiers de police judiciaire, ont grade d'officier, mais ne sont pas assimilés. Attachés aux directions, aux arsenaux, aux établissements et manufactures de l'armée, ils y remplissent le rôle de comptables ; en outre, certains d'entre eux possédant des connaissances spéciales, sont chefs artificiers ou chefs ouvriers. Les gardes d'artillerie ont une hiérarchie qui va du grade de garde de 3ᵉ classe à celui de garde principal de 1ʳᵉ classe; ils ont les prérogatives et honneurs dus aux lieutenants et sous-lieutenants et, chose bizarre, bien que certains d'entre eux soient traités comme officiers supérieurs, ils doivent tous le salut aux officiers de toutes armes, à partir du grade de capitaine et sont très fréquemment employés sous les ordres de ceux-ci.

A côté des gardes sont les contrôleurs d'armes, qui ont pour mission d'examiner, de vérifier et de poinçonner tous les éléments qui composent les armes, dans les manufactures et les arsenaux; ils assistent les officiers d'artillerie dans l'inspection annuelle de l'armement des corps. Ils sont employés militaires, c'est-à-dire classés entre les adjudants et les sous-lieutenants dont ils ont les droits et forment une hiérarchie non assimilée identique à celle des gardes.

Enfin, comme personnel subalterne, l'artillerie compte encore des ouvriers d'État, ayant rang d'adjudant, attachés aux établissements en qualité de chefs d'ateliers, pouvant être nommés gardes en prenant part au concours annuel ouvert aux sous-officiers des troupes d'artillerie et des gardiens de batterie chargés de la garde du matériel et des bâtiments de l'arme. Ils sont assermentés et ont rang de maréchal-des-logis chef.

Tous ces personnels sont, au point de vue de la direction et de l'organisation, groupés dans les Directions d'artillerie, les états-majors, les inspections des forges et usines.

Autrefois, l'artillerie fabriquait elle-même les substances explosibles diverses qu'employait l'armée ; depuis 1875 ce service est devenu l'apanage d'un corps spécial, le corps des Ingénieurs des poudres et salpêtres dont nous exposerons l'organisation dans le chapitre suivant. La fabrication des armes portatives est dirigée et surveillée par des officiers d'artillerie assistés de quelques gardes et d'un grand nombre de contrôleurs d'armes ; elle est exécutée par des entrepreneurs avec lesquels l'État passe des marchés, dans les trois manufactures de Châtellerault, Tulle et Saint-Étienne. Chacun de ces établissements compte un directeur officier supérieur, un sous-directeur, chef d'escadron ou capitaine, et quinze à vingt capitaines d'artillerie qui y font un stage et s'initient à la pratique de la fabrication tout en employant les connaissances théoriques reçues à l'école d'application, à en vérifier les produits. Enfin, un colonel, inspecteur des manufactures, a la direction générale de cet important service.

Les armes portatives se divisent en armes à feu et armes blanches. En fait d'armes à feu, les systèmes actuellement en usage sont le fusil modèle 1874 ou fusil Gras dont sont armées les troupes d'infanterie et le modèle 1866 transformé, encore en usage dans les troupes d'administration, les carabines de cavalerie et de gendarmerie, le mousqueton d'artillerie, le revolver modèle 1873.

Le fusil Gras, on le sait, est un fusil à longue portée, la hausse dont il est pourvu lui permet d'atteindre à 1800 mètres et un tireur peut y brûler neuf cartouches à la minute. La portée *maxima* atteint même à 3,000 mètres mais, à cette distance, la dispersion des coups est considérable et l'influence du vent sur la portée très forte. Malgré cela, on le trouve actuellement insuffisant et les puissances étrangères s'étant décidées à transformer leurs fusils à tir rapide en fusils à répétition, la France suivant leur exemple va, encore une fois, modifier son armement. Or, il ne s'agit pas de peu de chose ; c'est trois millions d'armes qu'il faut refaire et le projet ne rencontre pas que des adhérents. D'une part, les uns invoquent le manque de précision d'un tir à jet continu, en quelque sorte, les autres, faisant chorus avec nos voisins, prétendent qu'à la distance actuelle où se livrent les combats, il ne s'agit pas d'attraper dans un groupe, un individu, avec une balle qu'on lui destine, mais d'en faire pleuvoir une telle quantité autour de lui qu'il y ait peu de chance pour que, de cette pluie, il n'attrape au moins une goutte.

D'ailleurs, en France, nos marins emploient depuis plusieurs années le Kropatschek que fabriquent nos manufactures et qui permet de tirer, sans arrêt, sept cartouches.

Le reproche fait aux armes à répétition, en général, est leur poids excessif qui va à l'encontre du but que l'on poursuit actuellement par tous les moyens : l'allègement de la charge du soldat. Pendant tout le cours de leur fabrication, les armes à feu, quelles qu'elles soient, sont soumises à diverses épreuves relatives à la qualité de la matière première, à la résistance du canon, à la conformité de l'arme tout entière, aux conditions imposées à l'entrepreneur par son cahier des charges : c'est en cela que consiste le rôle des officiers d'artillerie et des contrôleurs d'armes attachés dans les manufactures. Le prix de revient d'un fusil d'infanterie, modèle 1874, est de 46 à 48 francs; celui d'un mousqueton de 35 à 40.

En 1884, le marquis de Roys, rapporteur du budget de la guerre, terminait les critiques adressées au fonctionnement de la fabrication des armes à feu par ces paroles :

« Votre commission n'aurait pas hésité à demander la suppression de la manufacture de

Tulle, si la fabrication des fusils ne touchait à sa fin.

« Dans trois ans, notre approvisionnement en armes à feu portatives sera au complet; nous aurons un nombre de fusils et de mousquetons suffisant; non-seulement pour l'armement de toutes les forces nationales, mais encore pour tous les remplacements qui pourraient être nécessaires pendant une longue campagne.

« Pendant ces trois années, l'administration de la guerre a l'intention de diminuer progressivement le nombre des ouvriers employés à la fabrication des armes portatives, de manière à ménager la transition entre la période de fabrication active que nous venons de traverser et la période qui suivra, pendant laquelle notre armement, entièrement neuf, n'exigeant que de rares remplacements, la fabrication sera presque complétement suspendue. »

L'adoption du fusil à répétition vient renverser ce beau système; on va modifier ou transformer pour, sans doute, dans un avenir prochain, retransformer et remodifier à nouveau. Que de forces vives, que d'argent, perdus! Malheureusement la sûreté du pays l'exige et quelque grands que soient les sacrifices à faire il n'y a pas à hésiter.

Les fusils, carabines et mousquetons système Gras sont bronzés; les autres ne le sont pas. Toutes les armes à feu, de quelque modèle qu'elles soient, sont rayées, les unes d'une façon, les autres d'une autre. Tandis que celles du modèle 1866 sont munies d'un sabre-baïonnette, les autres ont soit une épée-baïonnette triangulaire, soit une baïonnette quadrangulaire. Outre les baïonnettes, les manufactures fabriquent diverses sortes d'armes blanches: sabres de cavalerie de réserve, de cavalerie légère, de dragon, d'adjudant d'infanterie; épées de sous-officiers, cuirasses, etc... Toutes les lames de sabres et d'épées sont en acier fondu; les fourreaux en tôle d'acier. Ces diverses pièces sont soumises à des épreuves déterminées par les règlements de l'arme et les cahiers des charges.

Les lames sont éprouvées en les frappant avec force contre des blocs de bois, en les faisant ployer ; les fourreaux le sont au moyen d'un poids en fer d'un kilog tombant d'une hauteur variable selon leur longueur. Quant aux cuirasses, on éprouve à part les dos et les plastrons : sur ceux-ci, divisés par groupes de cent, on en prélève cinq par groupe, les plus légers, et on les soumet à l'épreuve du tir de trois balles, à 80 mètres, avec le fusil Gras : il faut que trois plastrons au moins résistent. Les dos ne subissent pas d'épreuves.

Les bouches à feu sont de deux sortes : les canons et les mortiers. Jusqu'en 1858, année de l'invention du canon rayé, les armes de cette espèce étaient désignées par le poids en livres du boulet qu'elles lançaient ; depuis cette époque, et particulièrement à la suite de l'introduction dans notre armement des canons se chargeant par la culasse, on a pris l'habitude de les dénommer par leur calibre, c'est-à-dire le diamètre de l'âme de la pièce avant le rayage.

Une pièce de 155, par exemple, est un canon dont le diamètre est de 155 millimètres.

Ce n'est que depuis peu, à la suite de la guerre d'Italie, et lorsque l'on eut reconnu que le bronze ne se prêtait qu'imparfaitement au rayage que l'on se mit à confectionner des bouches à feu en acier. L'artillerie qui, autrefois, fabriquait son matériel dans des fonderies nationales, relevant du ministre de la guerre, n'a plus qu'une seule fonderie à Bourges, où l'on fait encore les pièces en bronze ; celles en fonte sont confectionnées dans les fonderies de la marine sous la direction et la surveillance d'officiers de l'artillerie de terre qui surveillent également la confection dans les usines avec lesquelles l'État a passé un marché. En principe, l'*usinage*, c'est-à-dire l'achèvement des pièces, se fait à la fonderie de Bourges et aux ateliers de construction de Tarbes et de Puteaux. Cependant, pour les canons en acier, un certain nombre ont été usinés par l'industrie, sous la surveillance d'officiers désignés spécialement.

Quand nous parlions plus haut de la transformation de nos fusils, nous faisions ressortir l'énorme dépense qu'elle allait entraîner; malheureusement il n'y a pas que les armes à feu portatives qui soient à modifier; il en est de même des canons. Avec les découvertes récentes de substances explosibles dont nous parlerons au chapitre suivant, il faut des bouches à feu capables de résister à l'énorme pression des gaz qu'elles développent; à l'obus chargé de cette façon il faut un canon doué d'une résistance énorme.

Celui qui paraît réunir actuellement les suffrages est de l'invention de deux officiers français, le capitaine Schultz et le lieutenant Moch : c'est le canon à fils d'acier. Il se compose d'un tube en acier de 6 à 7 millimètres de couronne entouré de douze couches de fils d'acier superposées, ayant une épaisseur totale de 7 millimètres et demi. On a pu pousser la charge de l'arme, lors des premières expériences, et depuis elle a été perfectionnée, jusqu'à lui faire supporter une pression de 12,000 atmosphères sans qu'elle éclatât.

Actuellement, les pièces sont généralement en acier *fretté* d'acier, se chargeant par la culasse, munies d'une fermeture à vis et d'un obturateur système de Bange et rayées.

Le rayage est destiné à assurer la justesse du tir ; la fermeture à vis bouche la culasse de la pièce ; mais pour empêcher le passage des gaz que produit la combustion de la poudre, ce qui serait une déperdition de force et une cause d'accidents, on a dû y adapter, en outre, un obturateur ; le plus remarquable est celui du colonel de Bange dont la partie essentielle se compose d'une galette d'amiante imbibée de suif contenue dans une enveloppe en toile cousue, maintenue par deux coupelles et qu'un mécanisme mis en mouvement par la combustion même de la poudre, applique sur les parois de la culasse.

Le chargement par la culasse, en permettant le *forcement*, donne plus de puissance au tir et aussi plus de justesse. Quant au frettage, il consiste à ceindre la pièce d'un certain nombre de cercles d'acier qui sont posés à chaud de distance en distance et qui, en se refroidissant, produisent un serrage déterminé.

Nous ne saurions entrer dans de plus longs détails,

..... Sur les fourneaux, flamboyants entonnoirs
Où l'âpre foyer souffle avec des poumons noirs
Fabriquant des canons, des mortiers, des bombardes;

ni insister sur la fabrication, qui, quel que soit son intérêt, ne saurait trouver place en cet ouvrage. Les pièces usitées en campagne sont des calibres de 80 et 90 millimètres ; leurs portées *maxima* respectives sont de 7100 et 6,900 mètres, elles pèsent les unes 425 ; les autres 530 kilos.

Outre les diverses espèces de canon dont nous avons parlé, l'artillerie emploie et fabrique encore des mortiers, des canons à balles et des canons-revolvers.

Les projectiles sont fournis par l'industrie privée ; des marchés sont passés avec des maîtres de forges dont les usines sont surveillées par des officiers d'artillerie appartenant au service des Forges et répartis entre les cinq inspections du Nord, de l'Est, de l'Ouest, du Sud et du Centre.

Les projectiles actuellement employés sont en fonte de fer et acier; ils sont de quatre sortes : l'obus ordinaire, l'obus à balles, la boite à mitraille et l'obus à double paroi. En principe, les projectiles sphériques ne sont plus usités ; on en fabrique cependant encore quelques-uns pour les mortiers à âme lisse qui subsistent dans certaines places ; la forme qu'ils revêtent est la forme cylindro-ogivale à laquelle s'adaptent des ailettes ou des tenons destinés à être pris par les rayures de la bouche à feu. Les obus ordinaires sont munis de douze ailettes en zinc laminé disposées deux par deux, pourvus à leur partie antérieure d'une lumière destinée à recevoir la fusée ; il en est de même des obus à balles. Les obus à tenons ont une couronne de trois tenons et trois plaques isolantes remplaçant les ailettes.

Les obus à balles contiennent des couronnes de balles en fonte plus ou moins nombreuses suivant le calibre de l'arme qui doit les recevoir ; les boîtes à mitraille sont composées d'un cylindre en fer blanc, d'un culot et d'un couvercle en fer ; elles renferment des balles en fonte.

Les balles de fusil ou de revolver sont en plomb comprimé à la machine.

Les projectiles, de même que les bouches à feu sont, avant leur réception ou leur mise en service, soumis à des expériences nombreuses permettant d'en apprécier la qualité et les résultats.

Les officiers d'artillerie ont encore dans leurs attributions le Dépôt central de l'artillerie, chargé de la confection des types et des instruments vérificateurs de précision ainsi que des tables de construction du matériel ; les écoles où sont centralisés les moyens d'instruction théorique et pratique de tout le personnel de l'arme et qui sont en même temps les parcs des dix-neuf corps d'armée, enfin l'École de Pyrotechnie et la poudrerie du Bouchet.

L'École de Pyrotechnie organisée à Bourges est destinée à former pour les corps d'artillerie des artificiers. Elle possède des ateliers de fabrication permanents où sont exécutées les commandes du ministère de la guerre en fait d'artifices divers destinés soit aux approvisionnements, soit aux expériences. La durée des cours de cette école est de six mois, ils portent principalement sur la confection et l'emploi des munitions et artifices de tous genres. Une fois instruits, les élèves sont envoyés dans les régiments où ils occupent les emplois de chefs et de sous-chefs artificiers et dans les arsenaux où ils surveillent la confection et le chargement des projectiles.

Jusqu'en 1873 l'artillerie fabriqua elle-même ses poudres; depuis lors, elle a passé par deux régimes : de 1873 à 1876 les poudreries et raffineries étaient, toujours sous sa direction, fabriquées par un personnel spécial qui se constitua à cette époque en corps autonome ne laissant à l'artillerie qu'un seul établissement, la poudrerie du Bouchet, servant à ses essais et ne fournissant rien à la vente ni aux consommations de l'arme.

Le service de l'artillerie, on le voit, embrasse beaucoup de choses et dévore des sommes considérables ; sur 2.289.421.451 francs jugés nécessaires pour la réfection de notre matériel de guerre depuis 1870, elle en a, à elle seule, absorbé 1.186.574.143, c'est-à-dire plus de la moitié. Chaque jour voit paraître de nouveaux besoins ; la lutte continuelle entre la fortification et l'artillerie se poursuit plus acharnée que jamais. *Ceci tuera cela :* laquelle sera ceci ? *that is the question ?*

XIV

Service des Poudres et Salpêtres. — Pourquoi l'artillerie ne fabrique-t-elle pas de poudre? — Poudreries et raffineries. — Poudres. — Dynamite. — Nitrocolle. — Mélinite. — Hellhofite. — Quelques coups de canon. — Comment on charge les projectiles. — Obus et boîtes à mitraille. — Cartouches. — De 600 à 24.000 mètres.

La fabrication des substances explosibles est actuellement confiée à un personnel spécial, les Ingénieurs des poudres et salpêtres recrutés à l'École Polytechnique et constituant un corps civil placé sous l'autorité immédiate du ministre de la guerre. A la tête de ce service est un comité consultatif, siégeant au ministère et composé d'officiers généraux de l'artillerie de terre et de mer, de savants et d'inspecteurs généraux des diverses administrations intéressées, chargé de donner son avis sur tout ce qui touche à la fabrication, l'essai ou l'emploi des substances explosibles. Toutefois, comme nous l'avons dit au chapitre précédent, l'artillerie a gardé la poudrerie du Bouchet pour y faire ses essais, de même qu'un établissement a été réservé à ceux de la marine.

Le passage de la fabrication des poudres, de l'artillerie au service des Poudres et Salpêtres, a soulevé beaucoup d'objections. Dans son rapport sur le budget de 1887, M. Casimir-Périer s'exprime ainsi :

« La fabrication de la poudre a fait, depuis quelques années, de grands progrès ; elle paraît devoir en faire encore ; on est arrivé à un nombre de variétés considérable ; mais le problème à résoudre est toujours l'appropriation d'une nature de poudre à une arme déterminée : les effets recherchés par l'artillerie et par la marine ne sont pas les mêmes ; mais la marine d'une part, et l'artillerie, de l'autre, sont les meilleurs juges en matière de poudre et, au lieu d'avoir à transmettre à un service étranger et indépendant, les observations que l'expérience même leur suggère, il paraît plus rationnel et plus simple que les deux services consommateurs produisent suivant les exigences de leur consommation. »

Ces arguments sont très justes, assurément, pourquoi donc ne s'y conforme-t-on pas ?... pourquoi l'artillerie n'a-t-elle pas la fabrication des substances explosibles ? La raison majeure en est que cette industrie constitue un monopole pour l'État et que, outre les poudres de guerre, il y a à fabriquer celles de chasse et de mine ainsi que diverses substances explosibles : dynamite, fulmi-coton, etc... que peut employer la consommation civile. Il a donc semblé tout naturel de confier à un service autonome et unique l'ensemble de la fabrication dont les produits destinés au commerce, sont vendus par le ministère des finances, section des contributions indirectes.

On se rendra compte de l'importance relative des deux fabrications par la reproduction des chiffres suivants extraits du Rapport sur le budget de 1887 :

ANNÉES	QUANTITÉS FABRIQUÉES	
	POUDRE DE GUERRE Kilogs :	POUDRE DE COMMERCE Kilogs :
1882	5.384.325	4.678.767
1883	7.220.690	5.000.771
1884	4.941.463	4.676.870
1885	1.532.983	4.658.102

On remarque à l'inspection de ces chiffres que, tandis que la production des poudres pour le commerce n'a pas varié, celle des poudres de guerre a considérablement diminué depuis 1883, cela tient à ce que tant que les approvisionnements de réserve n'ont pas été constitués il a fallu produire beaucoup ; mais qu'une fois obtenues les quantités nécessaires, il n'y a plus eu qu'à satisfaire aux besoins courants.

Voici que maintenant tout est remis en question, et que, contrairement aux paroles de M. Casimir Périer, il s'agit non plus « d'approprier une nature de poudre à une arme déterminée » mais de trouver au contraire des armes pouvant résister aux effets de poudres nouvelles.

La poudre ordinaire, on le sait, est un mélange de salpêtre, de soufre et de charbon; cette composition a été modifiée, tant en ce qui concerne les proportions du mélange que par l'adjonction de substances diverses. Les matières premières sont fournies par le commerce en vertu de marchés passés et après vérifications minutieuses.

La fabrication de la poudre exige son passage par deux sortes d'établissements : les raffineries, où le soufre et le salpêtre sont épurés; les poudreries où ces substances sont pulvérisées ainsi que le charbon, mélangées dans les proportions voulues et triturées ensemble de diverses façons. Il y a quatre raffineries et onze poudreries appartenant toutes à l'État; la production par l'industrie privée et l'introduction des poudres étrangères sont expressément interdites.

Il se fabrique diverses sortes de poudres proprement dites, dont la composition et la grosseur de grains varient suivant leur destination. C'est ainsi que l'on en trouve d'espèces différentes pour fusil Gras, canons à âme lisse, projectiles creux, canons rayés de campagne, pièces de siège et de place. Tandis que la moyenne du diamètre des grains est de 1 millimètre pour la première, elle atteint 13 millimètres pour les dernières; les poudres denses, dures et à gros grains sont destinées aux nouvelles pièces où l'on désire donner au projectile une grande vitesse initiale. Les poudres sont désignées aux gens du métier par des abréviations spéciales de convention : c'est ainsi, par exemple, que la formule $M.C_{30}$ leur rappelle, M, que la poudre a été fabriquée aux meules; C, que c'est une poudre à canon; 30, que la durée de la trituration est de 30 minutes.

Les poudres de guerre sont transportées en

caisse de 50 kilos portant à l'extérieur l'indication des résultats des épreuves subies et de l'établissement producteur. Ces caisses sont en bois, doubles et séparées par une enveloppe de zinc; elles portent une ouverture circulaire, fermée à l'aide d'un tampon doublé en zinc, par laquelle on prend la poudre avec une main de cuivre. Les caisses sont conservées à l'abri dans des magasins voûtés, frais sans être humides, entourés d'un mur de clôture dont une sentinelle garde jour et nuit les approches.

Depuis quelques années on trouvait insuffisante la force de propulsion et surtout d'expansion de la poudre ordinaire; on regrettait de ne pouvoir charger sinon les bouches à feu, du moins les projectiles creux, de dynamite ou de nitro-glycérine. Dès 1868 une commission prussienne entreprit des essais qui demeurèrent infructueux; la Belgique essaya de la *nitrocotte* qui, analogue à la nitro-glycérine, est moins chère et moins dangereuse à manier; en Suisse on préconisa beaucoup la gélatine et la dynamite gelée. On sait que cette dernière substance est un mélange de nitro-glycérine et de sable poreux qui détone sous l'action d'un choc violent ou de l'explosion d'un corps étranger ; elle se solidifie à 8° au-dessus de zéro, est alors dure et plus redoutable à manier ; son contact même est dangereux car elle constitue un poison terrible : on l'emploie principalement, sous forme de cartouches, à démolir les maçonneries, détruire les voies ferrées, briser les bouches à feu, faire sauter les roches, etc...

En France, nous avons la poudre verte dont la fabrication est sans dangers et la puissance égale à celle de la dynamite ; essayée en mars 1886 au polygone de Bourges, elle a causé l'éclatement d'un canon de 155. C'est là, en somme, l'inconvénient capital ; les substances explosibles ne manquent point mais il s'agit de trouver le moyen de les manipuler et de les employer soit au chargement des pièces à feu, soit à celui des projectiles creux, sans danger pour ceux qui les utilisent.

C'est ainsi que l'Italie, après des expériences insuffisantes, avait cru pouvoir adopter un mélange dit « mélange Parone » et que la première fois qu'on en chargea un obus de 21, le mortier éclata.

« Il faut d'ailleurs remarquer, dit un écrivain militaire, que si la charge explosive n'est pas considérable, l'obus ne cause pas de dommages bien sérieux. Ainsi, aux expériences de Palmanova en 1885, l'artillerie italienne a dû porter à 11 kilogs la charge de fulmi-coton introduite dans les obus de 15 centimètres. A vrai dire, dans ces conditions, les résultats furent foudroyants; on tirait sur des murs fort épais adossés à des terre-pleins de 8 à 9 mètres; l'obus pénétrait de 80 à 90 centimètres, éclatait sous l'action de la fusée en fulmi-coton sec et en dynamite, et creusait des entonnoirs d'un diamètre de 5 à 6 mètres. »

Malheureusement, le maniement de toutes ces substances est excessivement dangereux; l'an passé, en Allemagne, à Kummersdorf, des obus chargés de fulmi-coton ont pris feu sans que l'on ait su comment; on prévoit à quels désastres on s'exposerait si, en campagne, une voiture ou un wagon chargés de la sorte venaient à sauter.

En France, on a trouvé la substance cherchée : la mélinite; tout le monde se souvient du bruit que firent les expériences de la Malmaison, les résultats obtenus sont merveilleux mais nous n'en parlerons pas pour une première raison, absolument majeure, c'est que nous ignorons ce qu'est cette substance et que, quand bien même nous le saurions, nous nous ferions un devoir d'être discret.

L'Allemagne, elle, a la hellhofite.

Les dangers que nous avons signalés plus haut, quant au maniement des substances explosives employées ou à employer, ont amené un ingénieur de Magdebourg, M. Grüson, à charger l'obus avec deux substances renfermées dans des compartiments distincts, inoffensives prises séparément, et ne devenant dangereuses que par leur mélange se produisant au moment nécessaire. La partie conique de l'obus est munie d'un vase de verre contenant de l'acide nitrique ; la partie postérieure est remplie de naphtaline ou de phénol. Outre la séparation que constitue le récipient de verre, ces substances ont entre elles une rondelle de feutre ; au contact du sol, lors de la chute du projectile, le verre est brisé, le feutre s'imprègne et la réaction se produit. Un obus chargé ainsi avec de la hellhofite, c'est-à-dire de l'acide nitrique et du méta-bi-nitro-benzol a produit en Italie, dans un parapet de 9 mètres, un entonnoir long de $4^m,50$ et profond d'un mètre ! Un obus ordinaire de même calibre ne creuse qu'un entonnoir de 2 mètres de long sur $0^m,04$ de profondeur. Cependant, il est toujours à craindre qu'une cause quelconque ne détermine la rupture du récipient et une explosion prématurée de l'obus.

Les résultats obtenus actuellement sont effrayants ; un obus chargé de 5 kilogrammes de gélatine explosive, tombant dans un escarpement rocheux, y a creusé un entonnoir de 2 mètres de largeur et 8 mètres de profondeur; or, on est allé jusqu'à tirer des obus renfermant 40 kilogs de matière explosible.

Ce n'est pas seulement pour les canons et les projectiles qu'ils envoient que l'on cherche à utiliser la dynamite, le coton-poudre et les substances nouvellement découvertes; c'est aussi pour les armes à feu portatives. Des expériences ont été faites, et il a été reconnu que l'on pouvait, avec un fusil du modèle actuel, tirer une balle cylindro-conique renfermant de la dynamite, éclatant à l'arrivée et causant, dans une masse de terre, des ravages sur une circonférence de 6 mètres.

Les projectiles ne sont, en principe, chargés qu'au moment même où l'on doit s'en servir. En temps de paix, après avoir été peints de nuances diverses, selon leur nature, ils sont empilés par espèces et calibres dans des lieux secs, bien aérés, suivant un ordre réglementaire, et étiquetés avec soin.

Les charges sont préparées à l'avance; elles sont renfermées, suivant le cas, dans des sachets, des gargousses métalliques, des gargousses en papier ordinaire ou en parchemin. Les sachets sont remplis dans le magasin à poudre et tassés dans une salle voisine par des ouvriers; ils doivent, une fois terminés, contenir un poids de poudre variant avec le projectile ou l'arme à laquelle on les destine et avoir un calibre régulier. Ils sont mis dans des caisses de bois blanc après avoir été, un à un, enveloppés de papier. Tandis que les sachets sont en serge blanche trempée dans l'acétate de plomb ou en toile amiantine, les gargousses sont, généralement, en fer blanc, pour les pièces de campagne; en papier ordinaire pour celles de siège ou en papier parchemin. Avant le chargement, tous les projectiles doivent être vérifiés, taraudés, nettoyés intérieurement et extérieurement et calibrés dans les Directions d'artillerie.

Le chargement comprend plusieurs parties dont les plus essentielles sont : le choix et l'ajustage de la fusée, l'introduction de la charge et le vissage à fond de la fusée; chacune de ces trois opérations doit se faire dans un atelier distinct, avec les plus grandes précautions, et le transport d'un atelier à l'autre doit être effectué par des aides qui n'y pénètrent pas.

Pour la première opération, il faut un taraudeur et un aide; celui-ci apporte l'obus, le taraudeur essaie une ou plusieurs fusées, rend le projectile à son aide qui le remet à un pourvoyeur extérieur chargé de le transporter à l'atelier de remplissage. Dans ce local il est rempli jusqu'au pas de vis en laissant une place suffisante pour la queue de la fusée qui est revissée légèrement à l'obus, transmis par un pourvoyeur à l'atelier de vissage. Cette partie du chargement est la plus dangereuse; l'artificier qui l'effectue nettoie soigneusement la lumière après avoir sorti la fusée; puis, il la revisse, d'abord à la main et ensuite à l'aide d'une clef: le pourvoyeur enlève alors l'obus et le place dans le local désigné à cet effet.

Pour les obus à balles, on met d'abord moitié des balles, du sable que l'on tasse de façon à ce qu'il se répartisse entre elles, on ajoute alors la seconde moitié des balles puis on coule du soufre fondu de façon à les fixer toutes; on procède ensuite aux mêmes opérations que ci-dessus.

Les fusées qui servent à produire l'inflammation de la charge d'un projectile creux sont de trois sortes; les unes sont dites *fusantes* qui déterminent l'éclatement pendant la course du projectile, les autres *percutantes* quand il est subordonné au choc de l'obus au point de chute; enfin les fusées *mixtes* pouvant produire à volonté l'un ou l'autre résultat. Généralement, les projectiles actuels des pièces rayées sont munis de fusées métalliques, percutantes ou mixtes, qui contiennent du fulminate, sous forme d'amorce mobile, lequel s'enflamme par le choc d'une pointe mue par un ressort placé de façons différentes suivant le résultat à obtenir.

Pour terminer cet exposé de la fabrication et de l'emploi des substances explosibles, il nous reste à dire quelques mots des cartouches.

Le fusil modèle 1874 (Gras), les carabines, le mousqueton, le kropatschek, tirent la même cartouche ; elle est à étui de laiton, verni à l'intérieur, et pèse 43 grammes, la balle en pèse 25 et la charge 5,25. Réunies par paquets de six, ceux-ci sont groupés en tonnes de 28 paquets et expédiés en caisses blanches. Les cartouches de revolver sont faites et empaquetées de même ; elles ne pèsent que 16 grammes, dont 11,6 pour la balle et 0,65 pour la charge.

Les cartouches sont fabriquées par les soins des Directions dans un certain nombre d'établissements formant deux catégories : les ateliers de fabrication des étuis et ceux de chargement des cartouches. Tandis que cette dernière opération est exclusivement faite par l'artillerie, la fourniture des étuis est partiellement demandée à des entrepreneurs civils. Elles sont empaquetées comme nous l'avons dit et chaque paquet porte les indications nécessaires pour faire connaître de suite la provenance et l'époque de confection des étuis, de la poudre, des cartouches, leur espèce et les initiales de l'officier chargé de surveiller leur confection.

On se rend compte de l'intérêt que présentent les diverses fabrications que nous venons de passer rapidement en revue; il était déjà bien difficile de séparer l'artillerie du service des poudres et la chose le devient de plus en plus.

En 1858, quand les pièces à âme lisse ne portaient qu'à 609 mètres, on fut stupéfié de voir les canons rayés envoyer des projectiles à 3,000 mètres. Les progrès faits depuis cette époque permettaient d'atteindre couramment à 7,000 mètres et voici que l'on parle d'une arme nouvelle dont la charge enverrait un projectile de Calais en Angleterre, c'est-à-dire à plus de *20 kilomètres!* Tout cela est très intéressant; c'est une lutte gigantesque de pays à pays, mais l'on ne peut, sans tristesse, songer à tous ces efforts, tout ce temps, toute cette intelligence perdus dans une œuvre de destruction et, pensant aux effets effrayants obtenus, on murmure avec le poète :

L'ouvrage de vingt ans est détruit en un jour !

XV

Que fait un officier du génie? — Proposition malhonnête. — Service régimentaire et État-Major particulier. — Les adjoints du génie. — Latrines et fortifications. — La caponnière. — Visite d'un fort. — Tourelles cuirassées. — Le blindage et les projectiles. — L'armement d'un fort. — La nouvelle tactique prussienne. — A qui le laurier? — Rendons-les formidables. — Les chiens de garde de la France.

Supposons, « bénin ou benoit lecteur », comme eût dit M. de Beaumarchais, qu'à votre seizième année, ayant conquis le parchemin universitaire qui vous donne le droit de vous nourrir de grec et de latin quand vous n'avez rien de mieux à mettre sous la dent, un Monsieur vienne vous tenir le petit discours que voici :

« Vous avez déjà passé huit ans au lycée; restez-y encore trois ans à faire des x et des y du matin au soir ; concourez ensuite et — si vous êtes heureux — entrez dans un autre lycée où vous passerez deux ans à faire des X et des Y cette fois. Allez alors dans un troisième lycée où vous apprendrez en vingt mois à faire des canons et à les manœuvrer, à fabriquer la dynamite et à vous en servir, à creuser des fossés, élever des talus, construire des forts; de là, faites un séjour dans un régiment, commandez des soldats, apprenez-leur le maniement du fusil et de la pioche, la guerre de mines, la construction des pont ; alors enfin vous serez envoyé dans une ville quelconque et préposé au bon fonctionnement des latrines, à la surveillance du curage des tinettes et de la libre circulation des gouttières qui constitueront désormais les fonctions essentielles que vous aurez à remplir pendant les trois quarts de votre existence. »

A ce Monsieur, vous répondriez par un haussement d'épaules, à moins que vous ne préfériez lui allonger ce que Banville a pudiquement appelé un « coup de pied... occulte ».

Cependant, telle est, à quelque exagération près, la situation faite aux officiers du génie : fortification et casernement, voilà leur apanage.

Comme division du service et organisation générale, le génie marche parallèlement à l'artillerie.

De même que celle-ci, il comprend un service régimentaire et un état-major particulier.

Les troupes du génie, bien moins nombreuses que celles de l'artillerie, ne comptent que quatre régiments de sapeurs-mineurs à cinq bataillons de quatre compagnies plus une de dépôt, une d'ouvriers de chemins de fer et une de sapeurs-conducteurs, destinés à conduire les parcs du génie autres que les grands parcs d'armée attelés par le train des équipages.

Les compagnies d'ouvriers de chemins de fer fournissent en campagne des détachements pour les opérations de destruction et de réparation des voies ferrées ; elles sont formées d'employés des diverses compagnies de chemins de fer qui ne passent qu'un an sous les drapeaux.

En somme, comme service régimentaire, les officiers du génie ont, outre l'instruction générale, à apprendre aux hommes de leur corps le maniement des armes et les divers travaux de fortification pour l'attaque et la défense des places.

L'état-major particulier, lui, a pour mission, en campagne : de faire les travaux d'attaque et de défense et les reconnaissances qui s'y rattachent, les fortifications passagères que les généraux jugent à propos d'établir, les travaux de marche et d'opérations, ouverture des routes, passages, construction, rétablissement ou destruction des ponts en maçonnerie, sur pilotis ou sur chevalets et l'établissement de rampes d'accès à tous les ponts pour le service de l'armée. Il peut être également chargé de l'établissement de ponts mobiles à l'aide des matériaux trouvés dans le pays.

En temps de paix, il a la construction et l'entretien des fortifications et des bâtiments militaires autres que ceux de l'artillerie, le fonctionnement des services de l'arme et des écoles réglementaires.

On voit que, comme service de guerre, les fonctions des officiers du génie se confondent en certains points avec celles de l'artillerie ; c'est une des raisons qui ont motivé la demande, et même la tentative faite autrefois, mais sans succès, de fusionner les deux armes. L'attribution des pontonniers à cette dernière a donné lieu, au sein de l'Assemblée, à une discussion des plus vives. Les *sapeurs* ont allégué entre autres choses que notre armée était la seule où le service des communications fût scindé : les artilleurs ont répondu en invoquant les souvenirs glorieux des pontonniers de l'artillerie, la possession d'état, etc. ; bref, ils ont eu gain de cause.

De même que les officiers d'artillerie sont secondés par des gardes, des contrôleurs, etc., ceux du génie ont sous leurs ordres un personnel absolument identique aux premiers : les adjoints du génie ayant même hiérarchie et même situation qu'eux et recrutés parmi les sous-officiers de l'arme qui ont subi un examen et fait un stage déterminés. A côté de ces employés militaires sont les ouvriers d'État faisant fonctions de chefs d'atelier et les portiers consignes ayant rang d'adjudants.

A l'intérieur tout ce personnel d'officiers et d'employés militaires est réparti dans les états-majors spéciaux, les Directions existant dans chaque corps d'armée, les chefferies que dirige un capitaine ou un officier supérieur assisté de capitaines selon l'importance de la place, enfin les écoles de l'arme.

De même que l'état-major particulier de l'artillerie, celui du génie ne comprend pas d'officiers des grades de lieutenant et sous-lieutenant ; ce n'est qu'une fois capitaine qu'ils peuvent y être classés.

Nous avons déjà dit quelques mots des écoles régimentaires du génie ; nous verrons qu'outre leur fonctionnement normal, commun à toutes les écoles de ce genre, elles ont plusieurs annexes spéciales : école des travaux de campagne, tous les quatre ans, pour les officiers d'infanterie, compagnies d'aérostiers, matériel télégraphique, téléphonique, d'éclairage électrique.

En somme, l'officier du génie est l'ingénieur général de l'armée ; tout ce qui est application scientifique est de son domaine, aussi est-il plus que tout autre obligé de se tenir au courant des progrès réalisés chaque jour.

Le chefferie est l'unité importante de l'organisation de l'état-major particulier du génie ; c'est là que se préparent les projets de construction ou de réparation des forts, de construction et d'entretien des bâtiments militaires et que, lors de l'exécution, s'en exercent la direction et la surveillance.

Les directeurs examinent les projets que leur soumettent les chefferies, les annotent, rédigent parfois même des contre-projets et adressent le tout à l'inspecteur général de l'arme qui les transmet au Comité spécial dont il reçoit, et fait parvenir à qui de droit, les instructions nécessaires.

Les plans d'ensemble sont arrêtés par le Comité de Défense après avis du Comité consultatif du génie où siègent également des officiers de toutes armes et principalement d'artillerie.

Maintes et maintes fois on a exprimé le regret que les officiers du génie fussent appelés à s'occuper de détails insignifiants tout à fait en dehors du rôle essentiel qui leur incombe. Dans les places importantes, où il y a plusieurs officiers attachés à la chefferie, l'un d'eux est spécialement chargé du service du casernement, c'est-à-dire de la proposition et de la conduite des travaux et améliorations à faire dans les bâtiments occupés par les troupes et les services de l'armée. Au point de vue du casernement, on reproche aux officiers du génie de faire généralement trop solide, trop coûteux, et de ne pas suivre assez les progrès journaliers que réalise la construction par l'industrie civile. Toutes les casernes, dit-on, semblent dater du temps de Vauban; elles sont aussi lourdes, aussi massives, aussi incommodes. Cependant, il faut reconnaître que, depuis deux ou trois ans, quelques progrès y ont été réalisés et que le génie s'est enfin décidé à les doter de lavabos, de cuisines mieux comprises, de latrines mieux aménagées. Les latrines: voilà la grosse question, la pierre d'achoppement du génie!

On sait cependant toute l'importance qu'en peut avoir, à un époque d'épidémie, une bonne ou une mauvaise installation dans un milieu plus ou moins hygiénique par lui-même, comme celui où vivent les agglomérations d'hommes de troupe.

Eh bien, hôpitaux, casernes, bâtiments militaires de toutes sortes, tous pèchent par là et malgré les instances et les réclamations des chefs de corps et de service, le génie, qui tient à son *système* vieux et déplorable, mais *réglementaire*, ne veut pas en démordre. Enfin, quoiqu'il en soit, si l'on s'explique encore que la construction et le premier établissement des bâtiments appartiennent au génie, bien qu'au point de vue pratique et économique il paraisse préférable de les confier aux architectes municipaux, on ne peut que regretter de voir un officier sortant de Polytechnique, appelé demain à faire des travaux d'attaque et de défense, à élever un fort, à en saper un autre, on ne peut que regretter, disons-nous, de le voir consacrer son temps à décider si tel mur doit ou ne doit pas être badigeonné et si le blanc de zinc est supérieur ou non au blanc de céruse.

La grande, la véritable, qui devrait être la seule occupation du génie, c'est la direction des travaux de fortification.

Il y a deux sortes de fortification : l'une, appelée *fortification permanente*, est élevée à l'avance et entretenue, dès le temps de paix, sur des points dont la conservation est essentielle à la défense générale du pays ; l'autre, appelée *fortification passagère*, est élevée au moment du besoin, en vue d'une opération particulière, par les armées elles-mêmes et avec les ressources dont elles disposent. Évidemment, tandis que celles-ci peuvent être défensives ou offensives, les premières sont toujours créées dans un but de défense et de protection, soit du pays tout entier, soit d'une région ou d'une place.

Les fortifications permanentes sont essentiellement l'œuvre du génie ; les fortifications passagères, au contraire, doivent pouvoir être construites indifféremment par les troupes d'infanterie, d'artillerie et même de cavalerie à défaut de celles du génie.

Nous ne nous occuperons ici que des premières dont l'élément est le fort qui, tantôt, est employé isolément, tantôt concurremment avec une enceinte de types divers.

Généralement les forts sont construits sur des sommets, aux points de jonction des voies de communication dont ils gardent l'accès et à une certaine distance des places qu'ils ont mission spéciale de protéger. Tandis qu'autrefois ces ouvrages dominaient le sol, ils sont aujourd'hui absolument souterrains, recouverts de talus où poussent du gazon et des arbustes, de telle façon qu'il faut absolument savoir qu'ils existent ou être au bord des fossés pour s'apercevoir de leur existence.

Pendant longtemps les gens du métier se sont trouvés divisés au sujet de la fortification ; jusqu'en 1870, le système de Vauban a prévalu contre celui d'un ingénieur français, Montalembert, dit système polygonal, que l'étranger avait adopté depuis longtemps et que nous n'avons employé que depuis la dernière guerre. La différence essentielle entre ces deux tracés consiste en ce que, dans le premier mode, le flanquement des fossés était assuré par des canons installés sur les flancs des bastions, tandis que dans le second, au fond des fossés, aux angles des faces, sont des canons de petit calibre ou des mitrailleuses cachés dans des sortes de *blockhauss* appelés *caponnières*.

« Imaginez, dit M. Leser, que l'assaillant se

risque dans le fossé et se dirige vers l'escarpe où il a frayé une brèche, pour pénétrer dans l'intérieur du fort ; ses colonnes d'assaut seront obligées de défiler sous le feu des pièces de la caponnière, et l'on devine sans peine que ces pièces, protégées et tirant à travers des embrasures étroites produiront d'énormes ravages... Le tout est de conserver intacte la caponnière.»

Un fort est une véritable ville souterraine qui doit offrir à ses défenseurs tous les locaux et toutes les ressources qui leur sont nécessaires. Quand, sur la proposition du Comité de Défense, le ministre décide la construction d'un semblable ouvrage, il fixe l'effectif des troupes d'infanterie et d'artillerie qui devront en constituer la garnison, le nombre et le calibre des pièces de son armement.

Sur ces données, le chef du génie rédige le projet complet du fort en tenant compte, pour les divers locaux, des demandes des services de l'artillerie et de l'Intendance avec les représentants desquels il confère préalablement. Supposons un fort destiné à recevoir 600 hommes ; les locaux doivent comprendre des pièces d'habitation, des magasins et ateliers pour l'artillerie, le génie, les services administratifs.

Visitons un fort : après avoir passé le pont-levis qui, une fois relevé, laisse au-dessus du fossé une porte formée de plaques métalliques boulonnées et mue à l'aide de roues, nous trouvons le corps de garde, les salles de discipline, des logements communs pour les officiers : chambre, cuisine, salle à manger ; un local spécial pour le commandant du fort.

Plus loin, les casemates où sont les logements pour les hommes de troupe qui occupent des lits superposés deux par deux, semblables aux couchettes des secondes classes à bord des bateaux ; à côté, la cuisine, les lavabos, une citerne, une pompe. Dans un endroit retiré et abrité le mieux possible : l'ambulance, composée de deux pièces, la pharmacie et la tisanerie.

Le service de l'artillerie a, à sa disposition, les locaux suivants placés de façon à ne faire courir aucun danger aux hommes de la garnison : un magasin à poudre, un magasin aux munitions confectionnées ; d'autres pour les projectiles vides, le gros matériel d'artillerie, des ateliers de réparation, de chargement pour les projectiles et gargousses, une forge ; enfin, près des pièces, des abris pour les servants et les munitions que l'on juge devoir être consommées dans la journée. Une manutention contenant un four, une paneterie, des locaux pour l'emmagasinement des farines, légumes secs, liquides et charbon. Toutes les maçonneries du fort, très résistantes déjà par elles-mêmes, doivent être recouvertes d'une couche de terre suffisante pour les protéger et les divers locaux communiquent entre eux par des chemins couverts complétement à l'abri des projectiles ennemis.

Autrefois, la terre suffisait à garantir les fortifications diverses ; on l'employait sous diverses formes, mais maintenant, elle est devenue insuffisante. On en a donc été amené à blinder les forts absolument comme on cuirasse les navires. Depuis 1870 on a essayé à cet effet plus de trente modèles de coupoles métalliques en acier, compound ou fer laminé ; ce dernier métal est celui qui a donné les meilleurs résultats mais on ne peut obtenir des plaques de plus de cinquante centimètres d'épaisseur tandis que l'on martèle des plaques d'acier de 70 centimètres. On a donc doté chaque fort d'une ou plusieurs tourelles surmontées de coupoles métalliques.

La construction des tourelles cuirassées, leur montage et leur fonctionnement sont dans les attributions de l'artillerie. On appelle ainsi une tourelle mécanique d'environ 4 mètres de diamètre sur deux de hauteur dont la base est protégée par un immense anneau métallique qui s'élève jusqu'à la bouche des canons. La tourelle est recouverte d'une calotte sphérique d'une épaisseur de soixante centimètres et renferme deux canons montés sur des affuts munis de freins à glycérine : tout cela tourne sur un pivot, comme une plaque de chemin de fer. Le mouvement de rotation est obtenu soit à bras d'homme, soit par une locomobile, de telle façon que l'on ait, à volonté, un tour entier en deux ou en quatre minutes. La coupole est percée de deux embrasures laissant passer la bouche des pièces au moment du tir : ces embrasures sont le seul point vulnérable de la tourelle.

Pour la manœuvre de la tourelle et des pièces huit personnes sont nécessaires; elles se tiennent dans des entretoises en tôle d'acier où le bruit est moins sensible et tournent avec tout le système.

Lorsque l'on veut modifier le pointage en *hauteur*, une pompe à glycérine fait monter ou descendre un piston qui agit sur un parallélogramme articulé et fait mouvoir verticalement la culasse de la pièce, la bouche restant fixe. Chaque pièce se pointe isolément. Si l'on veut modifier le pointage en *direction*, une circulaire fixe en cuivre règne autour de la tourelle et comporte des graduations correspondant aux divers points de l'horizon dont le pointeur a conscience à l'aide d'une carte qu'il a sous les yeux. Deux heurtoirs mobiles sont placés par lui de telle façon que, suivant le mouvement de rotation de la tourelle, ils font partir le coup au moment voulu grâce au passage d'un courant électrique que leur contact établit et qui met le feu à l'étoupille à l'instant où les canons sont dans la direction du but à atteindre. L'affut est, d'ailleurs, incliné de telle façon qu'une fois le coup parti la pièce se remet elle-même en batterie et que, dans cette position, elle sort d'environ cinq centimètres à l'extérieur de la coupole.

L'industrie française est arrivée pour la fabrication des tourelles à des résultats bien supérieurs à ceux de l'Allemagne : la preuve la plus concluante en est donnée par l'adoption de notre système par la Roumanie qui, préalablement, a expérimenté les deux. Malheureusement, avec les progrès réalisés par l'artillerie depuis cette époque, on semble entrer dans un cercle vicieux; et la lutte, déjà ancienne dans la marine, du projectile et de la cuirasse, s'étend maintenant à la fortification terrestre. Pour le moment, les obus chargés de substances explosibles ne sont pas encore très redoutables pour les cuirassements : ou bien ils s'y brisent avant d'avoir éclaté, ou bien ils rebondissent et vont éclater plus loin; mais s'ils viennent à rencontrer l'anneau en béton ou en granit qui en protège la base, la cuirasse résistera : la construction s'écroulera. Il faut donc s'attendre à ce que la tactique de l'artillerie de siège soit de viser à la base; aussi, dit-on que les Allemands songent à préserver les coupoles de leurs forts, au moyen de glacis en béton pavés de gros blocs de fonte durcie. Quoiqu'il en soit, la lutte s'accentue de plus en plus; la solidité des canons s'accroît, la force d'expansion des substances employées et la fragmentation des projectiles augmentent; où s'arrêtera-t-on ? Il est à craindre que dans cette bataille à coups d'inventions les *constructeurs* n'aient le dessous contre les *démolisseurs*, selon l'expression du général Farre.

En tous cas, les frais de combat se chiffreront

par centaines de millions car tous ces systèmes sont extrêmement coûteux et exposés à des transformations perpétuelles.

On a proposé de couvrir de coupoles tous les canons des forts d'arrêt; mais, même en admettant que l'industrie arrive à donner des cuirassements à l'épreuve des projectiles les plus redoutables, la question de dépense serait une difficulté digne de considération. Dans une série d'articles sur « la Transformation de l'armement » que le journal le *Temps* a publiés en 1886 et que nous croyons dus à son brillant chroniqueur militaire, M. Leser, ex-capitaine d'artillerie, nous trouvons l'évaluation suivante basée sur les propositions qu'un grand ingénieur militaire belge, le général Brialmont, a formulées dans un fort remarquable volume sur *la Fortification du temps présent* :

« L'armement d'un fort, dit M. Leser, comprendrait :

» 6 canons de gros calibre, établis dans trois coupoles;

» 6 canons de petit calibre, tirant à embrasures;

» 3 mitrailleuses installées dans trois coupoles à éclipse;

» 2 canons de gros calibre dans une coupole centrale;

» 4 canons de calibre moyen dans deux coupoles avancées. Soit, en tout, neuf coupoles pour un simple fort d'arrêt!

» Les approvisionnements, calculés à raison de 1,000 cartouches par fantassin, de 200 coups par canon, de 1,000 cartouches par mitrailleuse et de 600 coups par mortier, s'élèveraient à 21,600 obus et gargousses, 1,400,000 cartouches de fusil, 3,600 bombes et 4,000 cartouches de mitrailleuse. Où les emmagasinera-t-on? Dans les locaux préparés sous le terre-plein et couverts par une épaisseur de six à sept mètres de terre.

Les tourelles résisteront à l'action des obus explosifs, nous voulons bien l'admettre; mais ces mêmes obus pénétreront dans les terres du rempart, y creuseront les profonds entonnoirs dont nous avons donné les dimensions prodigieuses et finiront évidemment par atteindre les magasins où seront emmagasinées les munitions. »

Les millions dépensés pour chaque fort d'arrêt, une coupole coûtant 300,000 francs, seront ainsi vite engloutis.

On le voit, la lutte est intéressante; quelle en sera la fin? Lassée d'opposer aux pièces des blindages formidables, la marine abandonne les gros navires pour recourir aux torpilles; l'état-major allemand, suivant les mêmes principes, professe l'attaque de vive force des forts détachés, s'appuyant sur les enseignements de Plewna où des lignes de tranchées-abris défendues énergiquement avec des armes à répétition n'ont pu être forcées malgré une canonnade effroyable.

Faut-il conclure comme M. Leser que « les fortifications, qui n'avaient déjà plus l'importance qu'on leur prêtait autrefois, sont évidemment destinées à jouer un rôle de plus en plus effacé »?

Nous n'oserions nous prononcer, il y a trop d'intelligences et d'intérêts en jeu pour que nous puissions dire à qui restera la victoire définitive. En attendant, rendons-les formidables, nos forts ; car,

Comme nous pouvons être à chaque instant surpris,
. . . .
Inquiets, menaçants, guettant l'espace noir,
Et, s'entr'avertissant dès que la nuit commence,
Tendant leur cou de bronze autour du mur immense,
Ils restent éveillés quand nous nous endormons
Et font tonner la foudre en leurs rauques poumons
. . . .
Ils tiennent en respect toute une populace
De canons monstrueux, rôdant à l'horizon.

XVI

Train des équipages. — Les hussards à quatre roues. — Après les voitures, les chevaux : Remonte générale. — Organisation. — Les affaires indigènes : bureaux arabes. — Histoire d'un divorce. — Interprètes. — Officiers de la Justice militaire. — Gendarmes et gardes républicains. — Les pompiers de Paris. — Service des théâtres.

« Le service des équipages est une création moderne, a dit le maréchal de Saint-Arnaud ; cette organisation militaire des transports nécessaires aux besoins d'une armée est née au sein de la guerre ; c'est le signe de son incontestable utilité et du grand intérêt qui se rattache à son maintien. »

Ce fut Napoléon Ier qui organisa le corps du

train des équipages, sous forme de bataillons commandés par des capitaines; la Restauration le laissa tomber et en subit les conséquences lors de la guerre d'Espagne, ce qui en amena en 1852 une reconstitution complète sur de nouvelles bases. On comprend que, dès lors, avec l'effectif croissant des armées et malgré le développement pris par les transports sur rails, le besoin d'équipages militaires n'ait fait que s'accroître et ait motivé l'extension de l'organisation de ce corps spécial et l'amélioration de la situation faite à ses officiers.

Le train constitue un service distinct; il rentre dans la catégorie des troupes d'administration qui comprennent, en outre, les sections d'infirmiers, de commis et ouvriers d'administration et de secrétaires d'état-major et du recrutement. Nous avons vu que les officiers s'en recrutent à l'École de Versailles où ils forment une section à part. Le train des équipages comprend vingt escadrons formant corps; les dix-neuf premiers sont affectés à chacun des corps d'armée et le vingtième au service du gouvernement de Paris. Chaque escadron comprend trois compagnies se dédoublant à la mobilisation. Les hommes de troupe sont armés du sabre de cavalerie légère et de la carabine; en conséquence, ils apprennent, outre l'équitation et la conduite des voitures, le maniement de ces deux armes. Le service normal du train comprend, en temps de paix : le transport du pain et des autres denrées nécessaires à la nourriture des hommes et des chevaux; celui du matériel de toute sorte appartenant aux services administratifs ou aux corps de troupes et, dans certaines places, celui des malades conduits aux hôpitaux.

En temps de guerre, outre ce service, ils ont la conduite des voitures d'ambulance et concourent au relèvement des blessés et à leur transport ainsi qu'à celui du matériel hospitalier, des subsistances, de l'habillement et du campement, de la Trésorerie et des Postes et de la Télégraphie. Ils sont alors aidés par des voitures de réquisition appartenant à la population civile. Quant au transport des matériels de l'artillerie et du génie, il est effectué par les soins de ces services eux-mêmes.

Pendant longtemps le train des équipages comprit un certain nombre de parcs de construction pour son matériel que fabriquaient quatre compagnies d'ouvriers constructeurs des parcs; ce service incombe actuellement à l'artillerie qui l'exécute dans les ateliers de Vernon.

Le train des équipages est un corps modeste et utile comme il en existe plusieurs dans l'armée; du reste, la situation faite à son personnel est très convenable, puisque le corps compte des officiers de tous grades y compris un colonel et trois lieutenants-colonels.

« Avec un train vigoureusement organisé, bien commandé, un général en chef pourra, la veille d'une bataille, défendre au soldat de sortir du rang pour relever les blessés. »

L'exactitude de ces paroles du maréchal de Saint-Arnaud a été vérifiée à maintes reprises et il est certain, qu'en dépit des plaisanteries faciles que les brillants, mais souvent inutiles officiers de cavalerie légère, lancent aux « hussards à quatre roues », ceux-ci rendent plus de services à l'armée que ceux-là.

Aux voitures, il faut des chevaux ou des mulets ; il en faut en outre pour la cavalerie. L'achat, l'éducation et la fourniture de ces animaux ont donné lieu à la création d'un service spécial, le service de la remonte.

La remonte comprend comme établissements des dépôts, des haras et des jumenteries ; comme personnel : des officiers hors cadres appartenant aux divers corps de cavalerie de l'armée, les uns détachés à titre permanent, les autres temporairement, des officiers et hommes de troupe, des compagnies de cavaliers de remonte qui sont au nombre de huit.

Les divers établissements du service sont groupés, à l'intérieur, en quatre circonscriptions dirigées par un colonel ou lieutenant-colonel ; l'Algérie forme une cinquième circonscription à laquelle sont affectées trois compagnies de remonte, une quatrième étant réservée aux écoles et les quatre autres aux circonscriptions de France.

Les dépôts sont, naturellement, placés dans les pays d'élevage, commandés par des chefs d'escadrons et pourvus de vétérinaires militaires et d'officiers subalternes que viennent seconder des capitaines et lieutenants, détachés provisoirement de leurs corps, aux époques d'achats de chevaux.

L'ensemble du service est dirigé par un général de division de cavalerie, inspecteur-général des remontes.

Son importance est très considérable, étant donnée, comme nous l'avons exposé en parlant de la cavalerie, la nécessité qu'il y a pour cette arme à posséder des chevaux correspondant aux divers corps qui y existent. En 1877, les dépôts de remonte ont acheté plus de dix-sept mille chevaux et de trois cents mulets, pour plus de 17 millions, non compris une somme de 1 million affectée aux primes à donner aux étalons, juments poulinières, etc... Notre armée comptant cent-vingt-cinq mille chevaux et le renouvellement se faisant par septième, en général, il s'agit, on le voit, d'un achat annuel de dix-huit mille animaux. On peut juger par là de l'importance militaire et économique du rôle des officiers de remonte.

« Leur tâche, dit le sous-intendant L..., dans son *Histoire des Remontes*, ne se borne pas à choisir de bons chevaux et à les estimer un prix qui, tout en ménageant les deniers de l'État, rémunère suffisamment le producteur ; elle consiste encore à donner des conseils aux éleveurs, à les initier aux saines doctrines des accouplements et de l'élevage, à établir la statistique chevaline, à entrer dans la composition des jurys agricoles ; si le cheval de luxe est l'œuvre de l'administration des haras, le cheval de guerre doit être l'œuvre de l'officier de remonte. »

Outre les dépôts de remonte où les chevaux sont achetés, reçus, instruits et amenés progressivement au régime militaire, l'État entretient des haras possédant deux mille cinq cents étalons de races diverses, des chevaux de sang et la jumenterie de Pompadour. En Algérie, il y a un dépôt de remonte et un dépôt d'étalons par province, plus une jumenterie à Tiaret.

Puisque nous sommes en Algérie, restons-y et parlons d'un service tout particulier qui n'a pas de personnel spécial mais est très important malgré cela : le service des affaires indigènes. On sait que le territoire de l'Algérie est encore actuellement divisé en deux zônes ; l'une, organisée comme la métropole, administrée par un personnel purement civil appartenant au ministère de l'intérieur et au corps préfectoral ; l'autre, sous l'autorité du général commandant la division, partagée en un certain nombre de cercles ayant à leur tête un commandant supérieur assisté d'officiers des bureaux arabes et de fonctionnaires et agents indigènes.

Il y a deux classes de bureaux arabes ; ils comprennent, les uns et les autres, un capitaine ou lieutenant chef du bureau, des officiers adjoints, des interprètes militaires, des khodjas et des spahis et goumiers indigènes.

Les officiers employés à ce service continuent à compter à leur corps dont ils ne sont que détachés ; ils doivent connaître l'arabe et sont chargés de la traduction et de la rédaction en cette langue des ordres du commandement aux indigènes ; ils ont la surveillance politique du pays, celle des marchés et même de la justice rendue par les cadis indigènes, très accessibles, comme tous les Orientaux, aux arguments métalliques chers à Basile. Les officiers des bureaux arabes sont officiers de police judiciaire ; administrateurs immédiats des indigènes, ils réunissent les éléments de l'assiette de l'impôt et en surveillent le recouvrement ; dans les expéditions ils commandent les goums et concourent aux diverses actions comme auxiliaires. On a cherché à diverses reprises à constituer un corps autonome mais on a été arrêté par deux difficultés : la dépense, d'une part ; de l'autre, la répugnance de l'armée à voir à ses côtés un corps administratif nouveau, en somme, prenant part à ses travaux militaires et exerçant une certaine prépondérance. Le maréchal Bugeaud invoquait, en outre, la nécessité de la subordination et du rapport immédiat de ce personnel avec le commandement.

A maintes reprises on s'est élevé, surtout aux premiers temps de la conquête, contre les exactions des bureaux arabes; il y en a eu, cela est évident et à maintes reprises les tribunaux militaires, appelés à se prononcer, condamnèrent sévèrement les prévaricateurs. Cependant il faut bien se rendre compte de ceci, c'est que l'Arabe est insinuant, servile et habitué à gagner ses chefs ou ses supérieurs par des présents : tout le monde sait qu'en Orient, c'est chose admise et que lorsqu'un procès est pendant, le jugement est rendu en faveur de celui qui en donne le meilleur prix. Donc, les indigènes ont pour habitude d'apporter des présents de toutes sortes : armes, bijoux, harnachements de chevaux, provisions de toute espèce, argent même, aux autorités qui les commandent. Il n'est pas un général commandant de subdivision, pas un commandant de cercle, pas un officier de bureau arabe qui ne soit revenu d'Algérie sans une collection plus ou moins belle de tapis ou d'armes ; c'est admis et ça n'engage à rien.

Une chose que l'on a aussi reprochée aux officiers des bureaux arabes, c'est leur ignorance de la loi et des changements qui y surviennent ; autrefois surtout où les communications avec le sud du pays étaient plus difficiles encore qu'aujourd'hui. A ce propos, on se plaît à raconter l'anecdote suivante qui, *si non è vera è bene trovata* :

Aux premiers temps de la conquête, alors que l'Algérie ne comptant que de rares colons, l'organisation communale n'avait pu y être créée, les officiers des bureaux arabes remplissaient les fonctions d'officiers de l'état-civil et procédaient aux mariages, constataient les décès, etc...

Un jour, deux colons, mariés depuis quelques mois, vinrent trouver le chef du bureau arabe duquel ils ressortissaient et lui déclarèrent vouloir divorcer. Après avoir consulté son code, celui-ci leur fit suivre les formes prescrites et, au bout du temps exigé, prononça le divorce. Quelques mois après, le général-inspecteur passant dans la localité l'interrogea sur ce qu'il faisait et s'il s'était produit, dans l'administration du cercle, quelque événement particulier.

« — Ma foi, dit le capitaine, à part un divorce...

» — Comment un divorce, fit le général aba-
» sourdi ; vous avez prononcé un divorce ?

» — Oui, mon général.

» — Mais il est aboli, malheureux !

» — Comment, aboli ! voyez le code, reprit le
» capitaine. »

Le général prit le volume qu'il lui tendait et vit qu'il datait de 1812, c'est-à-dire était antérieur de quatre ans à la loi d'abrogation dont le capitaine ne se doutait même pas.

Les bureaux arabes comprennent des interprètes militaires ; ils constituent un corps spécial, non assimilé, ils sont nommés par le ministre à la suite d'un concours et se divisent en interprètes titulaires et principaux de diverses classes, tous français, et en interprètes auxiliaires qui peuvent être français ou indigènes. Ils sont répartis entre les bureaux arabes et les divers états-majors de l'Algérie.

L'Algérie sert de *refugium peccatorum* à l'armée; on y envoie les hommes de troupe dont la conduite au corps ou antérieure à l'incorporation laisse à désirer et qui forment les compagnies de disciplinaires et les bataillons d'Afrique dont nous avons parlé. A côté de ces corps, il existe en Algérie des établissements de répression de diverses sortes dont l'administration est assurée par un personnel spécial, le personnel de la justice militaire.

Le service de la justice militaire comprend comme personnel spécial et permanent deux catégories d'officiers d'administration absolument distinctes, quant au recrutement, à l'organisation et au rôle, de leurs homonymes des services administratifs. Les officiers de la première catégorie sont attachés aux greffes et parquets des conseils de guerre et de révision, ceux de la seconde aux établissements de répression; ils constituent deux corps séparés ayant leur organisation et leur avancement propres.

Les uns et les autres se recrutent parmi les sous-officiers rengagés âgés de vingt-cinq ans au moins, ayant trois ans de grade et passant un examen déterminé à la suite duquel ils sont nommés, selon la branche à laquelle ils se destinent, commis-greffiers ou sous-officiers comptables.

Le personnel des greffes et parquets comprend des adjudants-commis-greffiers et des officiers d'administration greffiers et principaux de plusieurs classes; ils sont chargés, auprès des tribunaux militaires, des fonctions qui, dans l'organisation civile, incombent aux greffiers.

Le personnel des établissements de répression comprend des sous-officiers comptables, des adjudants sous-officiers greffiers et des officiers d'administration comptables et aides-comptables de diverses classes. Ils sont répartis entre les trois catégories d'établissements que possède la guerre : les prisons militaires, subdivisées en *maisons d'arrêt, maisons de justice* et *maisons de correction;* les pénitenciers militaires et les ateliers de travaux publics recevant les hommes condamnés par les conseils de guerre à plus d'un an de prison ou aux travaux publics. Il y a un certain nombre de pénitenciers en France mais tous les ateliers sont en Algérie.

Dans les prisons militaires, le service de discipline est assuré par des soldats des corps de la garnison; la gendarmerie n'intervient que pour l'arrestation et la conduite des accusés militaires au même titre que pour les civils.

La gendarmerie est un corps d'élite qui se recrute par sélection dans tous les corps de l'armée; les sous-officiers du corps ont droit à la moitié des vacances du grade de sous-lieutenant, l'autre moitié est donnée aux sous-lieutenants de l'armée, les uns et les autres sont nommés lieutenants au bout de deux ans de grade. Les capitaines de l'armée peuvent y entrer avec leur grade, ainsi que les lieutenants, pourvu qu'ils soient dans les conditions d'âge voulues et passent avec succès un examen d'aptitude. Les grades supérieurs sont donnés exclusivement aux officiers de l'arme.

La gendarmerie comprend diverses catégories : d'abord la gendarmerie départementale, ayant à la fois des fonctions militaires, politiques et judiciaires. Elle est divisée en autant de légions qu'il y a de corps d'armées commandées chacune par un colonel ou lieutenant-colonel.

Chaque légion se subdivise en autant de compagnies qu'il y a de départements, commandées par un capitaine ou un chef d'escadron ; chaque arrondissement constitue une lieutenance sous l'autorité d'un officier subalterne ; enfin, dans chaque chef-lieu de canton et dans les communes importantes il y a des brigades à pied ou à cheval.

La gendarmerie coloniale est chargée du service de sûreté dans les colonies ; elle se compose de quatre compagnies et de six détachements répartis entre nos diverses possessions.

La Garde Républicaine forme une légion spéciale de la gendarmerie dont elle a l'organisation, les droits et les devoirs. Créée en 1789 sous le nom de gendarmerie parisienne, elle subit diverses transformations et devint en 1830 garde municipale de Paris. Pendant tout le règne de Louis-Philippe elle fut exclusivement employée à la répression des émeutes :

« Son impopularité était telle, dit M. Nicot, et le peuple parisien lui avait voué une si forte haine, qu'aux journées de février plusieurs détachements surpris par les insurgés furent massacrés alors même qu'ils capitulaient. Un de ces détachements, envoyé pour protéger un dépôt d'armes, ayant accepté, sur la prière du maire du sixième arrondissement, de mettre bas les armes, faillit, en se retirant, être précipité dans la Seine. Un capitaine de la garde nationale parvint à sauver les malheureux en haranguant le peuple ; ce capitaine s'appelait Étienne Arago. »

Depuis le second Empire la garde républicaine est redevenue un simple corps de gendarmerie spécial à la ville de Paris; elle forme une légion mixte comprenant trois bataillons d'infanterie et six escadrons de cavalerie, le ministère de la guerre et la capitale contribuent par moitié à l'entretien de cette troupe d'élite.

Le second de nos corps d'élite est celui des sapeurs-pompiers de la ville de Paris; ils forment un régiment d'infanterie à deux bataillons de six compagnies. Bien que la solde et l'entretien de ce corps soient tout entiers à la charge de la municipalité de cette ville, les officiers et hommes de troupe font partie intégrante de l'infanterie. Outre l'instruction militaire générale qu'ils doivent posséder en arrivant au corps — à moins qu'ils ne s'y soient engagés comme ouvriers — les sapeurs-pompiers reçoivent de leurs officiers un enseignement spécial relatif aux manœuvres de la pompe à incendie et des divers appareils de sauvetage que possède le corps. Ceux qui les ont vus à l'œuvre peuvent apprécier la façon dont il est donné et reçu; les Parisiens, à qui ils ont rendu et rendent chaque jour de signalés services, les tiennent en grande estime et, chaque fois qu'ils trouvent occasion de la leur manifester, n'y manquent jamais. D'ailleurs, le commandement du corps a toujours été confié à des hommes d'élite pour lesquels il constitue un stage, en attendant le généralat; le colonel Couston, qui l'occupe actuellement, continue très dignement cette tradition.

Les officiers de l'état-major du régiment logent presque tous à la caserne centrale, contiguë à l'hôtel de la Préfecture de police et reliée télégraphiquement à tous les petits postes, commissariats, établissements importants de la capitale.

Outre leur service d'incendie proprement dit, les pompiers sont répartis chaque soir entre les lieux de réjouissances publiques : théâtres, bals, concerts, etc... pour y parer aux événements. Ils reçoivent pour ce service des gratifications spéciales payées par les intéressés; des officiers sont, chaque jour, désignés pour faire « la ronde des théâtres » et s'assurer :

> « Qu'à l'ingénue, avec délice
> Le pompier, roi de la coulisse,
> Ne fait pas de l'œil en coulisse,
> Oublieux de sa faction. »

XVII

Les écoles techniques.— Officiers-professeurs et officiers-élèves. — Les écoles régimentaires. — Gymnastique et escrime. — Les écoles de tir. — L'École normale et l'armement de l'infanterie.—Artilleurs et fantassins. — Le Comité d'artillerie. — Le fantassin-artilleur. — École des travaux de campagne. — Aérostation militaire.—Le Directoire et la troisième République.—Les ballons pendant le siège de Paris. — Les manœuvres et les Camps d'instruction.

A côté des enseignements que la pratique constante de son métier et l'étude des ouvrages militaires spéciaux viennent apporter chaque jour à l'officier, il a été créé diverses catégories d'écoles techniques, les unes destinées à développer ses connaissances personnelles, les autres à les lui faire exposer au profit des troupes qu'il a sous ses ordres et pour lesquelles cela constitue un complément d'instruction et même, dans certains cas, une préparation aux écoles de sous-officiers ou aux emplois d'officiers de réserve et de l'armée territoriale.

Cette dernière catégorie comprend les écoles régimentaires des diverses armes dont le but essentiel est de donner aux hommes de troupe l'instruction générale propre à en faire des sous-officiers et à ceux-ci les moyens de concourir avec succès pour arriver à l'épaulette. On y rattache diverses écoles intérieures de tir, d'escrime, de gymnastique, de natation, etc... Dans les unes comme dans les autres, les officiers jouent le rôle de professeurs.

Chaque régiment, bataillon, escadron ou compagnie faisant corps est pourvu de trois écoles; dans la première, dirigée d'après le mode mutuel, les soldats qui ne savent pas lire, écrire et compter couramment, sont instruits sous la surveillance de leur capitaine; c'est l'école du premier degré.

Les écoles du deuxième et du troisième degré sont sous la direction d'un capitaine; l'enseignement y est donné par des lieutenants et sous-lieutenants, dans la première aux candidats sous-officiers, dans la seconde aux aspirants-officiers.

La pratique de l'escrime est obligatoire pour les militaires de tous grades; dans l'infanterie, l'escrime à l'épée est seule exigée, dans la cavalerie l'escrime au sabre l'est également. Un capitaine ou lieutenant dirige l'enseignement que donne un maître d'escrime assisté de moniteurs et de prévôts ; une salle d'armes spéciale est réservée aux officiers qui doivent montrer l'exemple aux hommes de troupe.

L'enseignement de la gymnastique, comme celui de l'escrime, est obligatoire dans l'infanterie; dans les troupes à cheval il est remplacé par la voltige. Il est donné par des officiers et sous-officiers ayant passé par l'École normale de gymnastique; chaque corps possède les appareils nécessaires.

L'instruction pratique et théorique du tir fait l'objet de leçons, de conférences et d'exercices dans les chambres, dirigés par un capitaine ayant suivi les cours d'une école de tir; il est secondé dans chaque bataillon par un lieutenant ou sous-lieutenant les ayant également suivis.

D'autres écoles doivent encore exister dans les corps mais, la plupart du temps, la journée est si bien remplie, que l'on ne peut en faire suivre tous les enseignements. Outre l'école de natation, de boxe et de canne, il doit y avoir dans chaque régiment une école de danse dont le professeur est généralement le maître d'escrime — quand elle fonctionne — et une école de chant. A un moment donné le chant fut vivement préconisé dans l'armée; était-ce comme gymnastique vocale et préparatoire à l'École d'intonation, était-ce pour adoucir les mœurs?

> Aux accents d'Amphion les pierres se mouvaient
> Et sur les murs thébains en ordre s'élevaient.

Toujours est-il que pendant longtemps l'armée

entière et les écoles elles-mêmes avaient des cours de chant d'après la méthode Chevé ; les anciens Saint-Cyriens ont gardé le souvenir des inénarrables leçons de musique qu'agrémentaient les lazzi et les charges des élèves non moins que les déboires du pauvre professeur.

Dans l'artillerie, outre les écoles régimentaires fonctionnant dans chaque régiment ou bataillon de forteresse, il existe dans chaque brigade une *école d'artillerie*, centre d'instruction scientifique et technique, destinée à compléter l'instruction des officiers de l'arme et des sous-officiers aspirant à l'épaulette ou aux fonctions de gardes d'artillerie.

La direction de l'école appartient à un lieutenant-colonel ayant auprès de lui, comme professeur de sciences, un capitaine auquel est adjoint un lieutenant ou sous-lieutenant.

Des capitaines en nombre suffisant professent aux officiers des grades inférieurs les cours que n'enseigne pas le premier ; un capitaine et deux lieutenants adjoints ont la direction du parc de l'École où se font les manœuvres et où se donne l'instruction pratique.

L'enseignement théorique comprend : des cours scientifiques et techniques, pour les lieutenants, sous-lieutenants et sous-officiers candidats à l'École ; des conférences pour les capitaines d'artillerie et officiers supérieurs de toutes armes. Les conférences sont présidées et le sujet en est donné par le général commandant la brigade d'artillerie. Chaque école d'artillerie occupe un bâtiment spécial où sont des salles de cours et de dessin, les archives, la bibliothèque, un cabinet de physique, un laboratoire de chimie, un dépôt de cartes et plans, une collection de modèles, etc...

Les régiments du génie possèdent également des cours spéciaux que sont astreints à suivre les officiers subalternes qui n'ont pas passé par l'École d'application et des exercices pratiques dans le polygone, obligatoires pour tous.

On le voit, dans ces deux dernières écoles, les officiers subalternes sont encore élèves ; il en est de même à l'école de gymnastique et d'escrime de Joinville, aux écoles de tir, des travaux de campagne, d'aérostation, etc...

La souplesse et l'agilité sont des qualités éminemment françaises; aussi est-il facile avec un enseignement aussi remarquable que celui de l'École de Joinville d'obtenir des résultats surprenants.

Chaque fois que l'on a occasion de voir exécuter des mouvements d'ensemble par les élèves de cette école, on est stupéfié et charmé de leur simultanéité et de la régularité avec laquelle ils les réussissent. L'École comprend deux divisions; l'une, installée dans la redoute de Gravelle, composée des élèves moniteurs de gymnastique; l'autre, située près de Vincennes, affectée aux divers genres d'escrime. Elle est commandée par un chef de bataillon ayant sous ses ordres deux capitaines instructeurs, l'un pour l'escrime, l'autre pour la gymnastique et des lieutenants et sous-lieutenants chargés de les seconder, plus un nombreux personnel de sous-officiers instructeurs, moniteurs généraux et moniteurs de boxe, de canne, de bâton, de gymnastique et d'escrime.

Les cours de gymnastique durent six mois; outre les hommes de troupe, ils sont suivis par des sous-lieutenants de toutes armes qui retournent ensuite dans leurs corps comme instructeurs; les cours d'escrime durent un an.

Lorsque les armes à feu devinrent des armes de précision, on jugea nécessaire de créer un enseignement spécial pour assurer à l'armée l'existence de bons tireurs, en vertu de ce principe émis à cette époque par un officier général : « Tirer *vite* est une bonne chose; tirer *juste* vaux mieux encore; tirer *vite et juste* serait la perfection. »

Une école de tir fut donc, à titre d'essai, installée à Vincennes pour les bataillons des chasseurs qui venaient de recevoir des armes nouvelles et qui y détachèrent chacun un officier et un certain nombre d'hommes de troupe. Cinq ans plus tard, en 1845, on se décida à étendre cet enseignement à tous les corps d'infanterie et l'on créa une école normale et trois écoles secondaires, ainsi que des écoles régimentaires de tir. En 1849, la première fut seule maintenue et jusqu'en 1864, où elle fut transférée au camp de Châlons, ne reçut que des officiers comme élèves. A la suite des résultats, alors prodigieux, que le fusil à aiguille fit obtenir à l'Allemagne lors de la guerre contre l'Autriche, il y eut en France une grande émulation qui aboutit à l'essai puis à l'adoption du Chassepot dont un écrivain militaire, de Montzey, disait en 1867 :

« Nous ne savons pas si plus tard le fusil Chassepot ne rencontrera pas un rival. Pour le moment, ses qualités remarquables ne peuvent être mises en doute. Il porte à mille mètres avec une précision inouïe... Quoiqu'on puisse tirer avec cette arme quinze coups à la minute, on en réduit prudemment, dans la pratique, le nombre à huit. »

Nous avons progressé depuis... et nous ne sommes pas à la fin des découvertes !

Après la guerre, l'école du camp de Châlons devint école normale et quatre écoles régionales de tir furent organisées à Blidah pour les troupes d'Algérie, à la Valbonne, au Ruchard et à Châlons pour la métropole. La première constituait une école spéciale aux officiers ; les secondes recevaient à la fois des officiers et des hommes de troupe.

Une décision récente est venue consacrer cette division et, en outre, apporter à l'École normale un supplément d'attributions réclamé depuis longtemps par les officiers d'infanterie,

L'École normale de tir forme, pour les écoles régionales, des professeurs et des instructeurs, pour les corps de troupe, des capitaines de tir ayant pour mission de donner à l'infanterie une connaissance approfondie des armes à feu portatives. A cet effet, il y est ouvert chaque année un cours d'une durée de cinq mois et demi suivi par des capitaines d'infanterie.

Les écoles régionales reçoivent des lieutenants et sous-lieutenants, sous-officiers et caporaux chargés de « vulgariser dans leur corps les progrès accomplis, soit dans les méthodes d'instruction, soit dans le tir, soit dans la fabrication des armes et des munitions ». Il faut avouer que l'on ne se rend pas bien compte de la façon dont un caporal ou un sergent pourra « initier son corps aux progrès accomplis dans la fabrication des armes ». L'action d'un caporal ne s'étend pas au-delà de son escouade. A côté de cette organisation qui, à peu de choses près, n'est que la confirmation de ce qui se faisait par le passé, voyons les dispositions nouvelles qui ont mis en liesse « la Reine des batailles » et blessé l'artillerie.

L'École normale de tir est désormais chargée, outre son rôle d'établissement d'instruction, de confectionner, d'après les ordres de la Direction de l'infanterie, les modèles des armes et des munitions destinées à cette arme; de vérifier chaque mois, les produits de la fabrication des chargements de cartouches et d'expérimenter les armes sorties des manufactures. Elle expérimente, en outre, avant leur adoption, les modifications jugées nécessaires aux unes et aux autres par les établissements producteurs, propose les perfectionnements à y apporter, examine les systèmes nouveaux adressés à la section technique.

Toutes ces attributions, auparavant, appartenaient aux officiers d'artillerie, qui fournissaient à l'infanterie, comme aux autres corps, les armes de toute espèce. Faut-il considérer cette innovation comme un bienfait ; l'armement y gagnera-t-il ? Les fantassins l'affirment, les artilleurs en doutent. Il est certain que l'on a pu, et avec justesse, citer des faits tendant à prouver que, pour les armes portatives, de même que pour les bouches à feu, tout ce qui n'émanait pas du sacro-saint comité d'artillerie n'était même pas examiné. Qui ne se souvient du bruit causé, en 1886, par une brochure du neveu du général Picard, brochure dans laquelle les comités d'artillerie qui se sont succédé, étaient formellement accusés d'exclusivisme et ce, avec preuves à l'appui. Il est certain, par exemple, qu'à la suite de la campagne d'Italie, un officier de chasseurs à pied adressa un rapport au ministre, concluant à l'adoption d'une carabine de petit calibre et à balle forcée pour l'armement des zouaves, tirailleurs et chasseurs, et que, de ce rapport, il n'entendit plus parler. M. Picard prétend, en outre, qu'un directeur de l'artillerie, au ministère, aurait répondu à ses offres que « tout nouveau fusil devait porter le nom du colonel Gras ».

Si ces accusations sont exactes, et il y a bien des preuves et bien des chances, étant donné le caractère connu du comité de Saint-Thomas-d'Aquin, pour qu'elles le soient, il est à désirer qu'elles ne puissent se renouveler, et c'est à quoi tend la nouvelle organisation des écoles de tir.

L'École normale est aussi chargée d'expérimenter les armes en usage à l'étranger, de tenir au courant des progrès qui s'y produisent les écoles régionales et les corps de troupe, et de fabriquer les armes destinées à être données en prix dans les concours, ce qui nécessite, outre une commission d'expériences, la création d'ateliers pour la fabrication de l'arme et de la cartouche, et oblige à y détacher des ouvriers civils formés dans les manufactures et choisis parmi les plus habiles.

C'est un acheminement vers l'autonomie des armes; les fantassins sont en passe de devenir artilleurs, bientôt nous verrons les cavaliers chargés de la fabrication de leurs sabres et de leurs carabines.

L'École des travaux de campagne, pour les officiers des corps de troupe d'infanterie, est répartie entre les quatre écoles régimentaires du génie; chacune d'elles recevant un certain nombre de capitaines d'infanterie qui y viennent prendre des notions théoriques et pratiques sur les travaux de fortification de campagne afin de pouvoir, dans leurs corps respectifs, remplir les fonctions d'instructeurs et diriger, en temps de guerre, à défaut d'officiers du génie, les travaux de défense.

Il est établi un roulement annuel, en vue duquel les corps d'infanterie sont partagés en quatre groupes et envoient, de quatre ans en quatre ans, chacun un capitaine pour en suivre les cours.

Le personnel enseignant est pris parmi les officiers du régiment du génie, dont le lieutenant-colonel dirige les cours, qui durent quatre semaines, et à la fin desquels les capitaines-élèves doivent produire un mémoire sur une partie pratique de l'enseignement. Ce mémoire est transmis au ministère.

Il nous reste à parler de l'École d'aérostation dont la création est toute récente. Nous avons tort de dire création; résurrection serait le mot juste, car en 1794, une école d'aérostation fut fondée par Guyton Morveau et Coutelle à Aix-la-Chapelle, puis transférée à Meudon. Cependant, si l'on usa des ballons sous le Directoire et le Consulat, on les laissa complétement de côté jusqu'en 1870, où ils furent employés, non pas tant au service d'observation qu'à celui de la poste, entre Paris assiégé et la province :

> ....Les yeux vont,
> Souriants et pensifs dans le grand ciel profond,
> Du pigeon qui revient au ballon qui s'envole,

a dit Victor Hugo. La grande difficulté que présente l'emploi des ballons, c'est l'impossibilité où l'on est de les diriger : c'est sur ce point que se portent tous les efforts des spécialistes et que se sont particulièrement portés ceux de deux officiers, l'un du génie, l'autre des sapeurs-pompiers : MM. Renard et Krebs dont les expériences ont attiré l'attention publique. En somme, bien qu'il y ait eu quelques progrès réalisés, les résultats obtenus sont loin d'être satisfaisants, et l'on en est toujours réduit, d'une part, à l'emploi des ballons captifs comme postes d'observation, de l'autre, à celui de ballons libres laissés au hasard des courants aériens pour le service postal.

Cependant, on a jugé qu'il y avait là une application scientifique qui pouvait déjà rendre des services et était appelée à en rendre de plus en plus, et l'on a créé, en 1886, une école et un service d'aérostation militaire.

Celui-ci comprend, outre l'établissement central et l'école situés à Chalais, des parcs aérostatiques dans chacune des écoles régimentaires du génie, ainsi que dans certaines places fortes. Le service, primitivement confié au corps du génie, est dans les attributions de la section de télégraphie de l'état-major général.

Les officiers envoyés à l'école de Chalais peuvent appartenir à toutes les armes mais sont pris de préférence dans le génie ; ils y suivent les expériences relatives à l'application de l'aérostation à l'art de la guerre, y étudient le matériel et y reçoivent, ainsi qu'un certain nombre d'hommes détachés des compagnies d'aérostiers, l'instruction spéciale qui leur est nécessaire.

Tels sont les établissements destinés à donner aux officiers, chargés de les transmettre aux troupes, certaines connaissances spéciales nécessaires à l'achèvement de l'instruction des uns et des autres; mais, la meilleure de toutes les écoles est celle où l'on peut appliquer ce que l'on sait, et voir, en mettant en œuvre les principes théoriques, en quoi ils pèchent au point de vue pratique : ces diverses conditions sont remplies par les manœuvres qu'exécutent les corps de troupes et services de toutes armes. Autrefois il existait des camps d'instruction, celui de Châlons est le plus célèbre; mais ils étaient loin de remplir le but désiré.

« Il est contraire à la raison comme à la dignité, en a dit le général Lewal, d'en faire une sorte de lieu de plaisance, où l'on s'efforce d'accumuler les distractions. Qu'a-t-on vu jadis? Tantôt des messes militaires, spectacle de curiosité où la dévotion n'avait nulle part, mais qui attirait les femmes; tantôt des courses de chevaux dont les officiers s'occupaient au lieu de dresser leurs hommes; tantôt encore des retraites aux flambeaux; toujours des cafés-chantants et des lupanars ouverts...

» Tous ces abus, hélas ! ont contribué largement à nos malheurs. Chaque année, on exaltait cette parodie navrante de la guerre; on vantait l'admirable instruction des troupes, leurs habiles manœuvres, leur superbe tenue. L'encens s'exhalait des bouches salariées; les étrangers s'en allaient, disait-on, pleins d'enthousiasme de ce qu'ils avaient vu. Cela était vrai. Ils se retiraient satisfaits d'avoir constaté notre ignorance, notre vanité, notre ridicule infatuation, notre corruption en haut comme en bas, notre faiblesse, enfin...

» Ces déplorables temps sont passés. Tâchons qu'ils ne reviennent plus. »

Des camps existent encore, établis d'une façon permanente; mais l'instruction pratique de l'officier comme celle du soldat n'ont véritablement lieu de s'exercer qu'aux manœuvres diverses: manœuvres de brigade, de division, de corps d'armée.

On le voit, notre organisation scolaire militaire ne présente pas de lacunes comme ensemble; peut-être serait-il à désirer que dans les détails, certaines améliorations y fussent apportées. L'opinion publique qui, depuis quelques mois, est toute portée aux choses de l'armée, parviendra à obtenir sur ces points la satisfaction que les généraux encore épris des traditions, pourraient se refuser à accorder bénévolement; déjà le principe de la communauté d'origine constitue la base du projet de réorganisation des cadres : espérons que la solution des autres points en litige viendra après celle-ci, qui n'était pas une des moins importantes ni des moins difficiles à obtenir.

XVIII

La vie de l'officier : l'arrivée au régiment. — Visite au colonel. — Le Mess. — Solde et retraite. — Les économies? — Sénèque et le général Trochu. — L'avancement. — Après vous l'annuaire? — Le pont aux ânes. — Permissions et punitions. — La Légion d'Honneur.

Donc, adieu l'école; le jeune sous-lieutenant, tout fier dans son dolman, embrasse père et mère, se redresse et va rejoindre le régiment, heureux de cette carrière où il va débuter.

> Sa moustache est comme un fil d'or,
> C'est un enfant à la main blanche
> Et le ciel se reflète encore
> Dans sa prunelle de pervenche.
>
> Il fait beau voir ces yeux ardents
> Et ce jeune corps svelte et grêle,

qui, plus tard,

> Ira seul, une fleur aux dents,
> Où le plomb siffle comme grêle.

Que d'émotion à l'arrivée! les collègues plus anciens sont là qui attendent le nouveau promu; les lieutenants, déjà vieux grognards, sont plus froids, affectent un certain air de supériorité que la vie en commun fera malheureusement trop vite disparaître, et chacun formule *in petto* son sentiment sur le nouveau venu. Mais l'heure du rapport arrive, il faut aller présenter ses devoirs au colonel; la politesse et les règlements le veulent. Dur quart d'heure! Comment sera-t-on accueilli? On a demandé en route aux collègues ce qu'il fallait en penser; les renseignements sont quelquefois mauvais: « très raide, vous tient à distance », a dit celui-ci, « n'oublie pas de saluer réglementairement et de ne te découvrir qu'après », ajoute un autre.

« Ah! fait un troisième, ne va pas lui parler de tes *hautes relations*, si tu en as, il n'aime pas ça ; il a flanqué quatre jours d'arrêts à un capitaine, l'année passée, pour s'être fait recommander par un député. »

Enfin, on prend son courage à deux mains, on entre, on salue ; on sent courir sur soi un regard inquisiteur : vous voilà toisé, jugé, physiquement au moins ; il en restera toujours quelque chose, surtout si l'impression a été mauvaise.

« — Vous avez demandé le 145e, interroge le colonel, pourquoi cette préférence ?

» — Parce que j'ai entendu dire que c'était un excellent régiment.

» — Vraiment ? reprend-il d'un ton ironique. Est-ce que la garnison n'y est pas pour quelque chose aussi ? Votre famille n'est pas éloignée, n'est-ce pas ? Mais vous savez, les permissions sont rares, il faut les gagner.

» — Je ferai le nécessaire, mon colonel, dites-vous d'un petit air convaincu.

» — Nous vous verrons à l'œuvre. Vous pouvez vous retirer. »

Sur ce, nouveau salut, sortie rapide, serrement de cœur et soupir de soulagement en regagnant le café voisin où les collègues vous attendent pour vous conduire à la pension.

En général, les chefs de corps sont bienveillants pour les nouveaux venus. L'armée, comme le commerce ou l'industrie, a ses individus bizarres; mais si la sévérité et la froideur sont de règle, elles n'excluent pas la sympathie et la justice. Un jeune sous-lieutenant bien noté à l'École, se présentant convenablement, remplissant, comme il le doit, les fonctions qui lui sont dévolues, ne rencontre autour de lui qu'aide et bienveillance du haut en bas de l'échelle hiérarchique. Une des grandes qualités de notre corps d'officiers ou, pour parler plus exactement, la grande qualité de chacun de nos groupes d'officiers appartenant à une même arme et surtout à un même corps, c'est la camaraderie et l'égalité absolue. Dans les grandes villes elle est moins sensible, chacun y ayant ses relations particulières, et les distractions y étant plus nombreuses; mais dans les petits postes de France et surtout d'Algérie, on vit tous ensemble et on ne fait rien les uns sans les autres.

D'ailleurs, on se trouve forcément réunis aux heures des repas. Dans un but d'économie et de solidarité, les officiers d'un régiment doivent vivre ensemble; il n'y a que ceux qui sont mariés ou ont leur famille dans la place qui ne soient pas astreints à cette obligation. La pension des officiers est installée dans un hôtel ou un restaurant de la ville ; le taux en est proportionné au grade des intéressés et fixé par une convention passée entre le chef de l'établissement et le lieutenant-colonel qui a la surveillance immédiate de tout ce qui touche à la vie matérielle des officiers du régiment. Les lieutenants et sous-lieutenants forment une table où prennent place l'aide-major et le chef de musique; à une autre table sont les capitaines; enfin, les officiers supérieurs ont un local spécial.

Le Mess est le point de départ de toutes les

parties qui s'organisent entre officiers. Y a-t-il un nouvel arrivant, une promotion, un départ, une décoration, vite, un supplément au menu traditionnel, quelques bouteilles de vin cachetées et voilà une réception organisée. Là, par exemple, il ne saurait être question de repas extraordinaires ; Bignon et Marguery n'ont que faire à la cuisine des maître-queux de régiment. Il faut, en effet, concilier ces deux choses antipodes : l'économie et le plaisir, car si l'officier aime l'un en sa double qualité de jeune homme et de Français, l'autre est pour lui une nécessité. Ce n'est malheureusement pas qu'au service de l'Autriche que

> Le militaire n'est pas riche;
> Chacun sait ça !

Que voulez-vous faire avec 189 francs par mois? oui, cent quatre-vingt-neuf! Encore faut-il en déduire la retenue pour le cercle et le paiement de l'ordonnance. Et dire qu'il y a des sous-lieutenants qui achètent des obligations! Nous

nous sommes toujours demandé s'ils n'occupaient pas leurs loisirs à dévaliser les rentiers des environs. Hâtons-nous d'ajouter que ce n'est qu'une très minime exception et qu'il est déjà bien beau pour un sous-lieutenant ou un lieutenant de ne pas s'endetter, sans lui demander d'avoir des valeurs de Bourse.

Le général Trochu ne déplorait-il pas, en 1867, l'influence des mœurs publiques sur celles des officiers ? « Notre armée, disait-il, a vu graduellement disparaître ses anciennes habitudes de simplicité militaire et de pauvreté, cédant, dans une mesure toujours croissante, aux besoins de bien-être, de confort et même de luxe qui ont prévalu dans le pays. Je ne pense pas qu'il nous soit donné de revoir jamais les temps où un officier d'infanterie, partant pour rejoindre l'armée, recevait une très petite part de sa solde en argent, une très grosse part en assignats sans valeur, avec deux paires de souliers. »

L'exemple que cite le général est pris à une époque de transformation, de bouleversement, de guerre; à une époque où la valeur commerciale de l'argent étant donnée, la solde de l'officier était supérieure à la solde relative actuelle. Puis, n'est-ce pas une loi de toutes les sociétés de tendre en tout vers le progrès et l'amélioration ; l'adoucissement des conditions d'existence n'en constitue-t-il pas un essentiel, ayant son influence sur l'éducation, le moral et l'intelligence des individus? Cette solde mesquine que touchent les officiers et que le chancelier allemand trouve si minime qu'il appelle « état de misère brillante » la situation des lieutenants de l'armée prussienne, ne saurait justifier un tel discours sur le renoncement des richesses, qui, d'ailleurs, émanant de la plume que l'on sait, rappelle beaucoup Sénèque écrivant son fameux traité et les vers que Regnard a mis dans la bouche d'Hector :

« Chapitre six. Du mépris des Richesses.
La fortune offre aux yeux des brillants mensongers,
Tous les biens d'ici-bas sont faux et passagers,

Leur possession trouble et leur perte est légère,
Le sage gagne assez quand il peut s'en défaire ! »
Lorsque Sénèque fit ce chapitre éloquent
Il avait, *général*, perdu tout son argent.

« Le soldat qui cesse d'être pauvre, ajoute le même écrivain, est renfermé dans la redoutable alternative de donner au désordre, où il se démoralise, l'argent qu'il a reçu et qui ne lui est pas nécessaire, puisque l'État pourvoit libéralement (?) à tous ses besoins; ou de former, s'il est par impossible calculateur et prévoyant, ce *pécule* qui s'accroît avec le temps, en lui promettant un certain bien-être ultérieur, préoccupation qui ne tarde pas à l'envahir tout entier et en fait un soldat conservateur, je veux dire conservateur de sa personne au milieu des épreuves et des dangers de la guerre. »

Si la conclusion est plus juste que l'exorde, celui-ci pèche au moins par le manque de mémoire; si le général Trochu l'avait écrit au temps où il promenait ses galons de sous-lieutenant, il n'eût pas déclaré si *libérale* la façon dont l'État pourvoit aux besoins de l'officier. Nous craignons de trop insister sur cette question, sans cela il nous serait facile de prouver, chiffres en main, que, tant qu'il n'est pas capitaine, l'officier qui n'a que sa solde est forcé d'avoir des dettes chez son tailleur.

Aussi, cela explique-t-il un peu pourquoi le désir d'avancer est le seul but et la constante préoccupation de l'officier. L'avancement dans notre armée se donne de deux façons : au choix et à l'ancienneté ; le choix lui-même est subordonné à un minimum de temps passé dans le grade précédent. En principe, les grades inférieurs se donnent partie au choix, partie à l'ancienneté, dans des proportions qui varient avec le degré de la hiérarchie ; les grades supérieurs, au contraire, sont tous réservés au choix et, d'ici peu, leur obtention sera subordonnée à la justification préalable de l'aptitude spéciale nécessaire à chacun d'eux. Toute sa vie, l'officier ne rêve qu'avancement et distinctions, de même que le commerçant n'aspire qu'aux affaires, le médecin à voir s'étendre sa clientèle.

Le maréchal de Raguse a dit dans ses *Institutions militaires* que, pour l'officier et le soldat, « l'opinion seule peut récompenser dignement le sacrifice de la vie. »

Évidemment, l'amélioration pécuniaire, qui est une conséquence de l'amélioration honorifique qu'entraîne toute promotion à un grade plus élevé, doit entrer en ligne de compte lorsque l'on considère les avantages qui en résultent pour l'officier; mais, et c'est là le côté brillant et idéal du caractère de celui-ci, il en convoite surtout la considération et l'honneur qui y sont attachés.

L'indicateur de l'avancement pour l'officier, c'est l'Annuaire, dans lequel il trouve la liste par grade et par arme, d'une part; par corps, de l'autre, de tous ses collègues de l'armée. Aussi, chaque année, surtout dans le courant de janvier, après la publication des tableaux d'avancement, voit-on dans tous les cafés des gens fiévreux et inquiets qui, les uns après les autres, se passent le précieux volume :

« Après vous l'Annuaire, s'il vous plaît ? » commencent-ils par dire ; puis, bientôt, trouvant que le voisin s'éternise dans cette lecture :

« Va-t-il l'apprendre par cœur, bougonnent-ils ? »

Bref, il arrive parfois que l'impatience de l'un et la curiosité de l'autre se trouvant en contradiction, le tout se termine par une rencontre dans laquelle le moins ancien de grade souhaite qu'un bon coup d'épée le débarrasse de l'autre, ce qui lui fera une vacance de plus.

L'officier, quand il est sur la question d'avancement, est, en effet, implacable. Un de nos amis nous racontait sa stupéfaction profonde lorsqu'il entendit pour la première fois — il était au corps depuis une huitaine — un lieutenant dire, en apprenant la mort d'un capitaine qu'il avait quelque peu connu :

« Tiens, il est mort ! Allons, ça me fait le numéro 105 pour passer. »

L'avancement qu'ambitionnent les officiers st restreint pour ceux-ci mais très étendu pour ceux-là; généralement un sous-lieutenant ne saurait admettre qu'il s'en ira retraité comme capitaine. Même, s'il sort de Saint-Cyr, la chose lui paraîtra absolument impossible. D'ailleurs, cela tient un peu à une manière de voir qui court dans l'armée et que partagent tous les officiers supérieurs et généraux : « Quand un sous-lieutenant, dit le général Trochu, paraît voué à la médiocrité en raison de l'insuffisance de son savoir et de son éducation, on définit officiellement son avenir en écrivant *qu'il deviendra capitaine et n'ira pas plus loin*... Enfin, il semble que le grade de capitaine soit, dans la hiérarchie des armes, ce qu'est dans la progression des sciences mathématiques un certain ordre de propositions auxquelles on donne le nom générique de *pont aux ânes.* »

Cependant le rôle du capitaine est essentiel et de plus en plus considérable; il est vrai qu'en France nous n'avons pas suivi l'exemple de l'Allemagne qui en a fait à tous les points de vue un grade spécial, honoré et rémunéré. La hiérarchie allemande compte en effet quatre sortes d'officiers au lieu de trois : les subalternes, les *capitaines*, les supérieurs et les généraux ; les capitaines constituent une catégorie spéciale et leur solde est de beaucoup supérieure à celle des premiers lieutenants tandis qu'actuellement, en France, la différence est peu sensible. La solde est à peu près la même pour toutes les armes ; cependant il y a de légères différences entre celle de l'infanterie et celle des armes spéciales, différences dont la disparition est réclamée depuis longtemps et proposée par le ministre de la guerre. En effet, pourquoi n'y a-t-il pas une solde unique pour chaque grade, de même qu'il n'y a qu'un seul tarif de retraite ? Certains écrivains classent les pensions de retraite parmi les récompenses spéciales aux officiers : il n'y a plus là récompense mais complément de solde ; la retraite n'est en effet constituée que par un prélèvement de 5 0/0 sur le traitement de l'intéressé durant toute sa carrière. Elle est due à trente ans de services et s'accroît d'une certaine annuité, au-delà de trente ans, pour chaque année ou campagne en plus, de telle façon que le maximum de la pension du grade soit acquis à cinquante ans de service.

La vie militaire, pour l'officier célibataire surtout, est monotone et lasse parfois; aussi éprouve-t-on le besoin d'aller se retremper de temps en temps au milieu des siens et demande-t-on à cet effet des permissions qui, selon leur durée, sont accordées soit par le colonel, soit par les généraux de brigade ou de division. Il entre un peu dans le *genre* du soldat de faire fi des joies familiales — du moins tant qu'il est garçon; néanmoins, lorsqu'il peut trouver l'occasion de s'en rapprocher, il est heureux d'en profiter et de retrouver, avec les siens, le milieu intime, la table plus soignée que celle de sa pension, qu'il a quittés depuis plusieurs années dans certains cas. Mais, si les permissions sont rares en général, les punitions ne le sont quelquefois pas. Les premiers arrêts sont les plus durs; ce n'est pas que rester dans sa chambre en dehors des heures de service, pendant deux ou quatre jours, soit une chose bien pénible; non, mais l'amour-propre est froissé, d'autant plus que parfois la punition arrive d'une façon imprévue pour une faute commise inconsciemment et même dans une bonne intention évidente. Mais, tout cela passe et l'on s'y fait; d'ailleurs, les officiers sont rarement punis.

Le rêve de l'officier, son ambition dès qu'il arrive au régiment, c'est de pouvoir arborer à la boutonnière de sa redingote quand il se met en « fumiste » — traduisez civil — le petit ruban rouge auquel, à moins d'avoir failli, il arrive toujours avant l'âge de la retraite; mais, l'essentiel, c'est de l'avoir de bonne heure, aussi, que ne fait-il pas pour le conquérir et quels vers enflammés ne lui adresse-t-il pas :

> Etoile aux blancs rayons, insigne glorieux,
> Dont l'éclat resplendit sans pareil à nos yeux,
> Que chacun recherche et désire
> Croix d'honneur, hochet cher à nos vaillants soldats,
> Qui brille dans la poudre au plus fort des combats
> Excitant notre fier délire!

La décoration de la Légion d'Honneur, qui comprend cinq grades : chevalier, officier, commandeur, grand officier, grand-croix, ouvre aux militaires qui l'obtiennent un droit à une pension dont le taux varie de deux cent cinquante à trois mille francs selon le grade. En général, l'avancement dans l'ordre est subordonné à celui dans la hiérarchie militaire : il est très rare de voir un capitaine officier de la Légion d'Honneur ; de même on cite le général Lamoricière comme un exemple, peut-être unique, de général simple chevalier.

Quoi qu'il en soit, si les officiers sont ambitieux, leur ambition aspire à un but où l'idéal occupe toujours la place la plus grande. A l'époque actuelle où, comme Méphistophélès le chante dans Faust :

« Le veau d'or est toujours debout! »

on ne peut que respecter et admirer ces sentiments qui font qu'un individu à qui son intelligence et son activité auraient pu assurer une fortune se déclare satisfait de partir, après quarante ans de service, capitaine ou commandant, chevalier ou officier de la Légion d'Honneur, avec trois ou quatre mille francs de pension

XIX

L'officier français et l'officier étranger. — Comment nous nous jugeons et comment on nous juge. — Gens d'action et ronds de cuir. — Les officiciers allemands. — L'esprit national et le militarisme en Allemagne. — Appréciation d'un officier prussien et d'un journal anglais. — Henri Heine. — Pudeur germanique. — Avis aux élèves de Fontainebleau! — Hier, aujourd'hui, demain. — Un vieux proverbe.

Et maintenant que nous savons comment se recrute et à quoi s'occupe notre corps d'officiers, faisons son examen de conscience et, le mettant en face de ses rivaux des pays voisins, jugeons-le d'après ses œuvres et voyons comment l'étranger le juge.

Après la guerre de 1870, on s'est plaint vivement de l'ignorance de nos officiers; l'exemple partait de haut, on ne travaillait pas. Tandis que la Prusse, disait le général Trochu en 1867, « préparait la transformation de son organisme militaire dans un grand travail intérieur auquel la révolution de 1848 et les enseignements de la guerre de Crimée donnèrent une vive impulsion » nous en étions encore en France aux doctrines et aux habitudes de Frédéric II. Voici comment le même écrivain appréciait alors le soldat français :

« Il a plus de fougue et d'entrain que les soldats de certaines nations, moins de calme et de solidité que les soldats de certaines autres... J'ai constaté souvent à la guerre, avec une légitime fierté, que nos soldats étaient ardents et vaillants, je les ai vus en face d'adversaires qui ne leur cédaient pas en courage....

« Une éducation plus virile, continue-t-il, aurait des effets d'autant plus considérables que nos officiers et nos soldats sont plus intelligents et plus faciles à impressionner; qu'ils sont liés les uns aux autres, en dépit de la hiérarchie, par des habitudes de confraternité militaire que l'on ne rencontre pas au même degré dans les autres armées ; qu'enfin ils forment un tout qui n'est pas seulement un instrument, comme beaucoup le croient, c'est un tout qui a un esprit et une âme. »

C'est là en effet le grand et le beau caractère du corps d'officiers français : camaraderie, solidarité, unité, cohésion complète avec le soldat. Quant à l'instruction, les progrès réalisés depuis 1870 sont considérables mais encore insuffisants. La tendance actuelle est à la généralisation des connaissances et non plus à leur spécialisation, c'est un tort évident. « Point de confusion ni d'exagération, dit à ce propos le général Lewal. L'instruction doit être l'apanage de tous, mais la science, cette grande et utile chose, restera toujours le partage d'un petit nombre : cela suffit. »

Un des grands reproches faits, avec raison, à notre corps d'officiers, c'est qu'il est de tradition, en France, que ceux qui se contentent de faire leur service soient bien mieux considérés que ceux qui, en dehors de cela, s'attèlent à un travail quelconque ; les premiers sont des « hommes d'action » sur lesquels on peut compter, les seconds « des ronds de cuir », des rêveurs, des paperassiers, dont il n'y a rien à espérer. On a été jusqu'à dire que l'instruction nuit et énerve l'homme de guerre.

« On a pris l'habitude dans l'armée, dit le général Lewal, de donner le nom de savant à quiconque écrit correctement, met l'orthographe, lit quelques ouvrages et s'occupe de son métier. »

Dans son cours de Législation militaire professé à l'École de guerre, M. l'Intendant Delaperrière résume ainsi l'exposé des divers modes de recrutement des officiers à l'étranger.

« Dans la plupart des nations étrangères, on veille avec la plus grande sollicitude à ce que les éléments qui doivent constituer le corps d'officiers soient complétement instruits, et au point de vue général, et au point de vue professionnel ; l'Allemagne, l'Autriche et même l'Angleterre sont parvenues à lui donner une grande homogénéité, les divers officiers ayant passé par les mêmes épreuves, et par suite le niveau de leur instruction étant sensiblement le même...

» Dans les armées où la loi accorde une part fixe à l'avancement des sous-officiers, l'Italie et la France, on a cherché, par la création d'écoles pour les sous-officiers élèves officiers, à relever le niveau de l'instruction ; mais la conséquence de cette double origine a dû être de fixer, pour les grades inférieurs, une part spéciale pour le choix; l'ancienneté ne pouvant plus être la règle absolue. Remarquons à ce sujet, et l'on peut désirer que cette mesure soit prise en France, le soin que l'on prend dans l'armée italienne pour s'assurer que les officiers, même promus à l'ancienneté, remplissent toutes les conditions de caractère, d'aptitude physique et d'aptitude intellectuelle nécessaires pour obtenir de l'avancement. »

Il est évident que, tandis qu'à l'étranger le grade d'officier est le couronnement d'une préparation longue et laborieuse commencée dès l'enfance, en France, il est rare que les élèves arrivant aux écoles spéciales sachent à quoi s'en tenir et souvent, même, n'ont-ils pas la vocation militaire. En 1867, Montzey disait des officiers allemands : « Ils sont infiniment instruits, généralement intelligents, vifs et prompts dans leurs allures, d'apparence distinguée et remplis d'honneur, comme il arrive toujours quand l'esprit a été longuement et fortement cultivé. »

Le baron von der Goltz, officier supérieur de l'état-major-général prussien, traduisant l'opinion de ses compatriotes, veut que le corps d'officiers, en Allemagne, se recrute uniquement dans une classe privilégiée de la société où il soit de tradition de se consacrer à la carrière des armes; il en exclut les hommes de troupe. Du reste, dès leur berceau, on prépare tous les enfants à cet esprit militaire et national auquel les Allemands doivent leurs succès.

« En aucun pays d'Europe, dit le P. Didon dans son livre sur *les Allemands*, on ne cultive avec plus de soin et de suite cet esprit, âme de la patrie. Nulle part on ne s'applique, avec une sagacité plus persévérante et une conscience plus nette'du but à saisir, à cette pédagogie sociale et patriotique. Elle commence dès l'école... A mesure que l'enfant grandit et qu'il passe de l'école au gymnase, du gymnase aux universités, l'action devient plus intense; et elle atteint dans l'université son énergie totale. »

Si la mauvaise foi était exclue du reste de la terre, on la retrouverait en Allemagne. Quand il s'agit de juger notre caractère et nos institutions, les écrivains, militaires ou autres, n'ont que des paroles de dédain, des railleries grossières et ne craignent pas de mentir impunément pour les besoins de leur cause.

Dans un article de la *Correspondance Hambourgeoise* reproduit par la Gazette de Francfort en septembre 1886, un officier prussien, venu en France pendant l'été de 1883, donne son opinion sur ce qu'il a vu de notre armée. Laissant de côté ses appréciations sur les soldats que, plus heureux que nous, « il voyait chaque jour se promener dans la rue les mains dans les poches et une *petite pipe* à la bouche », nous allons reproduire ce qu'il dit des officiers.

Ayant eu l'occasion d'accompagner un bataillon dans sa marche à travers Paris et d'assister à ses exercices, voici ce qu'il constata :

« La marche et l'ordre faisaient la plus triste impression. En avant, les trompettes ; après, le commandant à cheval, à gauche l'adjudant à pied, tous les capitaines à pied. Il n'y avait pas trace d'uniformité dans l'habillement des officiers. Chez nous, cependant, tous les officiers pour l'exercice de compagnie, doivent venir le matin en costume d'armes ; ici l'un était en capote, l'autre en tenue d'armes... Ça et là un officier s'arrêtait et attendait jusqu'à ce que le suivant arrivât à lui ; ils continuaient alors leur marche en causant et riant ensemble puis le premier courait reprendre sa place...

» Le corps des officiers français, poursuit-il, n'est pas, dans beaucoup de cas, à comparer à celui de l'armée allemande. Chez nous, il est tout du même coulage, animé du désir de se perfectionner de plus en plus et de former les troupes le mieux possible. Les officiers français peuvent, il est vrai, avoir le même désir, mais comme le résultat n'est pas le même, la méthode doit être fausse... En outre, le corps d'officiers français est composé de deux catégories qui sont en opposition assez vive, l'une avec l'autre ; une moitié est formée des officiers sortant des écoles militaires, l'autre de ceux sortis des rangs des sous-officiers. Les premiers parviennent aux plus hautes places dans l'armée tandis que pour les autres, le rang le plus élevé — ne serait-ce qu'à cause de leur âge — est celui de capitaine qu'ils cherchent à occuper le plus longtemps possible. Il est certain que ceux de la dernière catégorie sont très bons comme officiers subalternes car ils ont eu pendant leur long service le temps et l'occasion de l'apprendre à fond ; mais s'ils possèdent l'esprit militaire, pour l'éducation, c'est une autre question.

» Il est donc facile à penser qu'il n'y a pas bonne entente entre ces deux catégories; les vieux capitaines regarderont toujours avec envie leurs supérieurs plus jeunes qu'eux, ce qui ne peut pas être à l'avantage du service et de l'esprit des troupes. En outre, les partis politiques divisent aussi les officiers ; les vieux capitaines sortis des rangs des soldats, appartiendront toujours au gouvernement du moment qui, seul, peut soutenir leur existence. Les soldats font de la politique comme les officiers. »

Nous trouvons des appréciations semblables — tellement semblables qu'il est à croire qu'elles ont la même origine reptilienne — dans un article du *Standard*.

« On s'imagine, dit le journal anglais, on s'imagine en Angleterre — mais l'Allemagne attentive ne s'y trompe pas — que l'armée française a profité des leçons de 1870 et copié quelques bons feuillets du livre des vainqueurs. Bien loin de là, je regrette d'avoir à le dire, les officiers font preuve d'aussi peu de zèle et les hommes d'aussi peu de discipline et d'instruction militaire qu'aux jours de l'Empire. Les officiers surveillent à peine leurs hommes, si toutefois il leur arrive de les surveiller.....

» L'armée allemande a si bien compris toutes ces défectuosités que, pendant les dernières manœuvres de Strasbourg, des officiers m'ont assuré qu'une guerre avec la France serait, à l'heure actuelle, une affaire plus simple qu'en 1870. »

Fermons les guillemets sur cette convaincante appréciation; nous pourrions dire comme le vétéran de l'armée d'Afrique à son général : « Cause toujours, tu m'instruis. »

Il ne s'agit pas ici de nous donner de l'encensoir à travers le visage; nous avons progressé un peu, il faut que nous progressions beaucoup; il nous reste énormément à faire pour cela. Mais, entre le but à atteindre et la distance à laquelle nous en placent nos bons voisins les Teutons et nos excellents amis les Anglais, il n'y a pas si loin qu'ils cherchent à nous le faire croire; car, personnellement, ils savent fort bien à quoi s'en tenir.

Évidemment jamais nos troupes n'auront l'allure des troupes prussiennes; nous ne devons pas chercher à la leur imposer : chaque nation a ses qualités et ses aptitudes physiques que l'on doit utiliser pour le mieux sans vouloir imiter les voisins. Notre idéal ne doit pas être de nous conformer au portrait que Henri Heine faisait de ses compatriotes :

« Ils se promènent toujours aussi roides et aussi guindés, aussi étriqués qu'autrefois, et droits comme un I ; on dirait qu'ils ont avalé le bâton de caporal dont on les rossait jadis. Oui, l'instrument de la schlague n'est pas entièrement disparu chez les Prussiens, ils le portent maintenant à l'intérieur. »

Non, nos goûts, notre tempérament, nos ressources naturelles doivent nous faire prendre une voie toute différente de celle qu'ont adoptée les Prussiens, pour nous conduire au même but cependant : être les plus forts. « En France, a dit le général Foy, on fuit la caserne, on court au camp. » Le Prussien aime la caserne ; son esprit, régulier comme le mouvement des pendules qu'il nous a enlevées si adroitement en 1870, se plait à la vie méthodique, abrutissante, irréfléchie du régiment. Le Français, lui, « ça l'embête » ; mais en un mois il en apprendra autant que l'autre en trois et sera capable de plus d'élan.

Les officiers prussiens ont des qualités incontestables ; mais ils ont les défauts de leur race, ils ont surtout celui de parler de parti-pris et de chercher à donner le change sur leur compte. Physiquement, ils sont supérieurs aux nôtres : généralement grands et forts ils portent continuellement la tenue et s'en font gloire, tandis qu'chez nous, à part les premiers mois, on se hâte de troquer le dolman contre la jaquette dès que l'exercice est terminé. Puis, comme ils sont très buveurs et grands coureurs de maisons publiques, ils nous prennent à partie et se revanchent de leur ivrognerie en nous accusant de débauche :

« Le principal cancer du corps des officiers français, dit l'auteur de l'article allemand cité plus haut, c'est l'habitude d'avoir des maîtresses, habitude en usage dans les deux catégories. Il faut avoir vu cela pour comprendre que des officiers bien pensants (les officiers prussiens, évidemment) ne désirent pas fréquenter de tels éléments. C'est quelque chose d'inconcevable pour nous que l'on puisse voir vingt à trente officiers en civil, dansant un cancan avec leurs maîtresses dans un grand jardin fréquenté par un public des plus honnêtes (Bullier, sans doute). Un garçon de café alsacien le fit remarquer à l'auteur par ces mots : « L'artillerie s'amuse. »

Ce qui est plus inconcevable encore, c'est que l'on soit assez pédant, assez gourmé, assez allemand pour trouver ignoble que des jeunes gens s'amusent : peut-être cet excellent Germain préférerait-il que nos lieutenants, comme les leu s fussent sous les tables, dès dix heures du soi à cuver les nombreux bocks qu'ils ont absorbé

Le Français a son esprit et ses mœurs auxquels nul ne changera rien ; quand il a laissé l'uni forme militaire ou administratif, il redevient ce que la nature l'a fait: un caractère gai, franc, aimant le plaisir et s'y adonnant dans des mesures assez sages pour que sa valeur intellectuelle et morale n'en soit point diminuée, prêt à apporter à toute œuvre sérieuse la même fougue, la même intensité de volonté et de plaisir qu'il mettait un instant auparavant à s'amuser.

Du reste, tout ceci ne signifie rien; travaillons, ayons confiance, conservons nos qualités et tirons-en bon parti : hier, nous étions inférieurs, nous avons été battus; aujourd'hui nous nous préparons à ne pas en arriver au même résultat; demain,... demain nous verrons car, comme dit un bête de proverbe ; « C'est au pied du mur que l'on connaît le maçon. »

FIN

TABLE DES MATIÈRES

CHAPITRE PREMIER

Rêves d'enfant. — Le régiment des généraux. — L'instruction des officiers. — Autrefois. — Le décret de la Convention : Tout officier doit savoir lire et écrire. — Aujourd'hui. — Progrès réalisés. — Pourquoi ? — Commençons de bonne heure ! — Nos voisins...................................... 1

CHAPITRE II

L'esprit militaire. — Une pépinière d'officiers : les enfants de militaires. — Orphelinats de Liancourt, de Pawlet. — Les pupilles de la Garde. — L'orphelinat Hériot. — Les enfants de troupe. — Écoles préparatoires de sous-officiers. — Écoles préparatoires d'officiers : le Prytanée militaire de la Flèche. — Nécessité de perfectionner cette institution.. 15

CHAPITRE III

Être officier! Pourquoi? — Pour l'uniforme? — Qu'est-ce qu'un officier? — Conditions morales et physiques à réunir. — Combattants et non-combattants. — Assimilés et non assimilés. — Aristocratie et démocratie militaires. — La fusion. — L'officier d'hier et celui d'aujourd'hui. — La devise de l'officier... 33

CHAPITRE IV

Comment on devient officier d'infanterie. — École spéciale et école de sous-officiers. — Fontainebleau. — Saint-Cyr : le rêve et la réalité. — Brimades. — Le pinceau du Saint-Cyrien. — Saint-Maixent. — Histoire d'un réveillon. — Sous-lieutenants! — Les satisfaits et les ambitieux.......... 53

CHAPITRE V

Comment on devient officier de cavalerie. — La cavalerie corps aristocratique. — Napoléon Ier et l'École de Saint-Germain. — Histoire d'un squelette. — Saint-Cyr et la section. — Saumur. — Officiers-élèves et lieutenants d'instruction. — Carrousels et concours hippique. — Saumur école de sous-officiers. — L'instruction des officiers de cavalerie. — Favoritisme : histoire d'un sous-lieutenant de cavalerie. — Les échappatoires. — Le train.. 73

CHAPITRE VI

Comment on devient officier d'artillerie ou du génie. — Polytechnique. — Solidarité et égoïsme. — Fontainebleau. — Tuons la poule aux œufs d'or. — L'école des sous-officiers d'artillerie et du génie à Versailles. — Les capitaines de vingt-trois ans. — Égalité !.. 93

CHAPITRE VII

Comment on devient officier d'administration. — Ronds de cuir et riz-pain-sel. — L'origine d'une réputation. — Un peu d'histoire. — Discipline militaire : un sous-lieutenant a le droit de ne pas saluer un colonel. — Un duel bizarre. — Deux poids et deux mesures : Vincennes et Saint-Maixent. — Les élèves bouchers. — L'honneur et l'argent. — Intendants et contrôleurs. — Mauvaise foi. — La théorie et la pratique. — Une citation... 113

CHAPITRE VIII

Comment on devient médecin ou vétérinaire. — Les colonels-médecins. — Pharmaciens et médecins. — L'école de Strasbourg. — L'école du Val-de-Grâce. — Médecine et Intendance. — Médecins-chefs et comptables. — La clientèle civile. — Les vétérinaires d'autrefois et les vétérinaires d'aujourd'hui. — Assimilation. — Alfort et Saumur. — Mieux vaut crever l'homme que la bête !.......... 139

CHAPITRE IX

Aux ambitieux : le bâton de maréchal. — Généraux d'hier et de demain. — État-major général et officiers d'état-major. — Les fils à papa. — École supérieure de guerre. — Attachés militaires et professeurs. — Le dépôt de la guerre et le service géographique. — Archivistes. — Une citation de La Fontaine. — Conclusion du général Lewal... 163

CHAPITRE X

Que fait un officier d'infanterie ? — Lignards et chasseurs à pied. — Zouaves et tirailleurs. — Comment sont organisés les corps d'infanterie. — Cadres d'un régiment de ligne. — Les officiers n'ont rien à faire ; exemples. — Corps disciplinaires ; bataillon d'Afrique. — Les Chamborans du père Marengo. — Compagnies de discipline ; un coup de revolver. — Choisissez !........................... 183

CHAPITRE XI

Que fait un officier de cavalerie ? — Composition de la cavalerie. — Cavalerie légère et grosse cavalerie. — L'uniforme de la cavalerie. — Grave question ! — Pantalon à pont et pantalon à brayette. — Le *chic* et le travail. — Question de boutons. — Dragons. — Cuirassiers. — Formation de la cavalerie. — Instruction. — Le général Foy. — Le général Espagne. — Sapeurs de cavalerie. — Les chasseurs d'Afrique à Sedan. — Le rêve du spahi... 205

CHAPITRE XII

Que fait un officier d'administration ? — Gestionnaires et non-gestionnaires. — Nourriture des hommes et des chevaux. — Pain et fourrage. — Hôpitaux. — Histoire d'un officier de garde et de Jésus-Christ. — Comment on habille les troupes. — Petits pieds et grands souliers. — Becs de gaz et

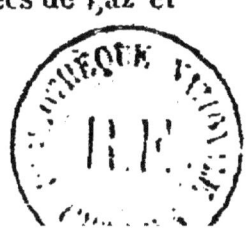

machines à signer. — L'art de faire un rapport.
— Quelques chiffres................................. 225

CHAPITRE XIII

Que fait un officier d'artillerie? — État-major particulier. — Service réglementaire. — Le petit Alfred. — Gardes et contrôleurs d'armes. — Directions et établissements. — Manufactures d'armes. — Les armes portatives. — Fusils à répétition. — Toujours de l'argent. — Bouches à feu. — Le colonel de Bange. — Fonderies et forges. Le dépôt de l'artillerie. — L'École de Pyrotechnie. — Ceci tuera cela.. 247

CHAPITRE XIV

Service des Poudres et Salpêtres — Pourquoi l'artillerie ne fabrique-t-elle pas de poudre? — Poudreries et raffineries. — Poudres. — Dynamite. — Nitrocolle. — Mélinite. — Hellhofite. — Quelques coups de canon. — Comment on charge les projectiles. — Obus et boîtes à mitraille. — Cartouches. — De 600 à 24.000 mètres.................. 269

CHAPITRE XV

Que fait un officier du génie? — Proposition malhonnête. — Service régimentaire et État-Major particulier. — Les adjoints du génie. — Latrines et fortifications. — La caponnière. — Visite d'un fort. — Tourelles cuirassées. — Le blindage et les projectiles. — L'armement d'un fort. — La nouvelle tactique prussienne. — A qui le laurier? — Rendons-les formidables. — Les chiens de garde de la France... 287

CHAPITRE XVI

Train des équipages. — Les hussards à quatre roues. — Après les voitures, les chevaux : Remonte générale. — Organisation. — Les affaires indigènes : bureaux arabes. — Histoire d'un divorce. — Interprètes. — Officiers de la Justice militaire. — Gendarmes et gardes républicains. — Les pompiers de Paris. — Service des théâtres............ 311

CHAPITRE XVII

Les écoles techniques. — Officiers-professeurs et officiers-élèves. — Les écoles régimentaires. — Gymnastique et escrime. — Les écoles de tir. — L'École normale et l'armement de l'infanterie. —

Artilleurs et fantassins. — Le Comité d'artillerie. — Le fantassin-artilleur. — École des travaux de campagne. — Aérostation militaire. — Le Directoire et la troisième République. — Les ballons pendant le siège de Paris. — Les manœuvres et les Camps d'instruction..................................... 331

CHAPITRE XVIII

La vie de l'officier : l'arrivée au régiment. — Visite au colonel. — Le Mess. — Solde et retraite. — Les économies? — Sénèque et le général Trochu. — L'avancement. — Après vous l'annuaire? — Le pont aux ânes. — Permissions et punitions. — La Légion d'Honneur........................... 351

CHAPITRE XIX

L'officier français et l'officier étranger. — Comment nous nous jugeons et comment on nous juge. — Gens d'action et ronds de cuir. — Les officiers allemands. — L'esprit national et le militarisme en Allemagne. — Appréciations d'un officier prussien et d'un journal anglais. — Henri Heine. — Pudeur germanique. — Avis aux élèves de Fontainebleau! — Hier, aujourd'hui, demain. — Un vieux proverbe.. 360

ASNIÈRES. — IMPRIMERIE LOUIS BOYER ET Cⁱᵉ.

www.ingramcontent.com/pod-product-compliance
Lightning Source LLC
Chambersburg PA
CBHW060049190426
3201CB00034B/613